Francis BOYER

Le plaisir au travail

Du savoir-faire à l'aimer-faire

EYROLLES

Groupe Eyrolles
61, bd Saint-Germain
75240 Paris Cedex 05

www.editions-eyrolles.com

Imprimé en Allemagne par BoD

ISBN : 978-2-212-56977-3

TABLE DES MATIÈRES

REMERCIEMENTS

Tout d'abord, à l'Association pour le progrès du management (APM), qui m'a permis d'animer des ateliers sur le management du plaisir au travail auprès de ses adhérents. Merci à tous les dirigeants que j'ai eu le plaisir de croiser depuis quatre ans pour l'aide apportée dans le développement des outils qui vous sont présentés, mais aussi et surtout pour leurs retours d'expériences qui me permettent chaque jour d'enrichir ce nouveau modèle.

Ensuite, à tous les cadres dirigeants, managers et collaborateurs que j'ai rencontrés lors de formations et de conférences pour leurs témoignages, leurs préconisations, leurs regards aussi bien critiques que bienveillants.

Merci à Alain Ayala (Partitio), François Boulet (RTE), Patrice Casenave (groupe Schmidt), Stéphane Canigiani (Décathlon), Jean-Sébastien Guiot (Salti), Michaël Hauser (Tornos), Hugo Jamin (Décathlon), Mathilde Le Coz (Mazars) et Marie-Noëlle Rey (Peretti) d'avoir accepté de nous faire bénéficier de leurs témoignages.

Enfin, merci à ma famille et à mes amis qui m'ont encouragé à vivre cette aventure, notamment à Czerna Assayag, Benjamin Chaminade, Marija Nikolendzic pour leur soutien, et plus particulièrement à Olivia Yves pour son aide dans la relecture de ce livre.

PRÉFACE

Bonheur au travail et performance durable, les deux piliers de la pérennité de nos organisations.

Retour au 2 novembre 2009. Je prends connaissance d'un article de *TechCrunch*, un média américain spécialisé dans les start-up, qui annonce la vente de Zappos pour 1,2 milliard de dollars à Amazon[1]. Je suis autant surprise par les chiffres que par la culture de l'entreprise. Zappos ne vend pas des chaussures, il délivre du bonheur. Tony Hsieh ne se considère pas comme le CEO, il est CHO (*Chief Happiness Officer*). Il déclare que son job est de rendre ses collaborateurs heureux. Quatorze jours plus tard, je fais mes débuts à la Sécurité sociale belge, en gardant cette information dans un coin de mon cerveau.

Chief Happiness Officer. CHO. Ces trois lettres ne me quittent pas, moi qui suis officiellement « Directrice générale du service d'encadrement Personnel et organisation » au sein du service public fédéral de la Sécurité sociale belge. Ce n'est pas tant pour la provocation que ces trois lettres inspirent (et j'avoue que cela m'amuse) que pour l'immense champ des possibles auquel elles donnent accès. Même dans un ministère. Et ma mission ne sera pas de rendre les collaborateurs heureux mais de créer les conditions pour qu'ils puissent, en tant qu'adultes, cultiver leur bonheur au travail qui devient un levier de performance durable. Au bout de quatre années d'aventure(s) humaine(s) passionnante(s), force est de constater que le bonheur au travail, c'est rentable, durable et que le modèle est transposable.

1. www.techcrunch.com/2009/11/02/amazon-closes-zappos-deal-ends-up-paying-1-2-billion/

Dans un monde qui se transforme tous les jours plus vite et plus profondément, une transformation culturelle et organisationnelle est possible en respectant les intérêts de toutes les parties prenantes des organisations : des collaborateurs heureux font des clients heureux qui, à leur tour, feront des actionnaires ou des parties prenantes heureuses. Le futur s'imagine plus sereinement à condition de cocréer aujourd'hui des bases saines et inspirantes. « Liberté + responsabilité = bonheur + performance », c'est donc une formule applicable à n'importe quelle organisation, pour autant qu'elle soit déployée avec sincérité et courage. Toutefois, à titre personnel, je reconnais que c'est plus compliqué de se l'approprier pleinement si le cadre organisationnel ne s'y prête pas (encore).

Certes, le contrat de travail nous impose un cadre, des normes et notre salaire récompense le temps, les compétences et l'énergie investis. Mais nous ne sommes pas des ressources. Nous sommes des êtres doués d'intelligence et d'émotions, remplis d'envies et d'ambitions. Oui, nous avons le droit de ressentir des émotions – même au travail –, de cultiver des expériences positives – même au travail ! Et cela nous fait grand bien : les études académiques et scientifiques sont là pour nous prouver que bonheur au travail et performance sont intrinsèquement liés. La grande question reste donc : comment faire pour (ré)concilier ce qui a été aussi longtemps opposé ou nié, sans pour autant tomber dans la facilité superficielle du pot de sucreries ou dans le monde « *pink washé* » des licornes à paillettes ? Francis Boyer nous offre des pistes de réflexions et d'actions pour y répondre.

Vous découvrirez dans ce livre que le plaisir au travail est une forme de management et qu'il y a des outils très concrets qui aideront tant l'individu que l'équipe, le manager ou l'organisation. Francis a intelligemment développé une approche inédite : celle de la gestion des appétences, qu'il nomme à propos « management par le plaisir ».

Après avoir parcouru les différentes notions qui composent le plaisir au travail, il décline avec pertinence les couches successives des cultures managériales. Le cadre ainsi posé, vous allez pouvoir prendre pleinement connaissance de la théorie qu'il a développée sur la base de sa longue expérience d'accompagnateur de dirigeants et d'organisations. Il balaie les différents acteurs de l'organisation en proposant des outils concrets, illustrés de cas d'entreprises pionnières en la matière. Pas de blabla. Du concret et un effet positif !

Le management par le plaisir, c'est avant tout votre propre responsabilité. Car tout commence par soi : il est impossible de rendre quelqu'un heureux si on ne l'est pas soi-même. Entendons-nous bien : le bonheur (au travail ou ailleurs) n'est en rien un diktat. Si vous ne voulez pas être heureux, et que cela fait votre bonheur… eh bien tant mieux !

En revanche, si vous avez l'ambition de cultiver votre plaisir au travail, que vous avez la sincérité et le courage de vous y attaquer, pour vous-même ou pour votre organisation, je ne vous retiens pas plus longtemps. Vous allez dévorer cet ouvrage qui, par sa multitude d'outils pragmatiques, vous permettra de vous lancer sur le chemin du management par le plaisir.

Une toute dernière chose. On attribue à Albert Schweitzer cette pensée : « Le bonheur est la seule richesse qui se dédouble si on la partage ». Merci donc à Francis Boyer d'avoir partagé avec nous le fruit de ses travaux. Il contribue à notre bonheur et nous permet d'être, à notre tour, contagieux.

Happy lecture !

Laurence Vanhée

INTRODUCTION

« Sans plaisir, point de vie. Le combat pour le plaisir est le combat pour la vie », NIETZSCHE.

Si je vous dis « plaisir », à quoi pensez-vous ? Dans notre pays, la plupart des personnes associent le mot « plaisir » aux rapports charnels, à une bonne bouffe, aux relations amoureuses ou amicales, aux loisirs, mais très rarement au travail. Plutôt dommage quand on sait qu'on y consacre environ 66 000 heures de sa vie[1], ne pensez-vous pas ?

Tout le monde s'accorde à dire qu'un salarié qui éprouve du plaisir dans son travail sera plus épanoui mais aussi plus performant. Entreprises, organisations syndicales et salariés ont par conséquent tout à gagner à développer le plaisir au travail. Mais est-ce le cas ? Dans les faits, pas vraiment.

Si environ 80 % des salariés français se disent satisfaits de leurs conditions de travail, ils ne sont plus que 20 % à déclarer éprouver du plaisir pendant leur travail. Et pour vous, qu'en est-il ? Pour ma part, si j'ai la chance d'exercer aujourd'hui une profession qui me procure énormément de plaisir, cela n'a pas toujours été le cas.

Âgé de 18 ans, un baccalauréat de comptabilité en poche, je suis entré dans la vie active en exerçant un métier que je n'aimais pas. Il m'arrivait très souvent de me rendre au travail avec la boule au ventre en attendant la fin de la journée avec impatience.

---

1. Base de calcul : 1 607 heures de travail effectif par an x 41 ans (durée moyenne de travail dans une vie) = 65 887 heures.

Comment en suis-je arrivé là ? Plus matheux que littéraire, le système d'orientation scolaire m'a prédestiné à exercer le métier de comptable. Méconnaissant la diversité des métiers auxquels je pouvais avoir accès, que pouvais-je bien faire d'autre à l'époque que de suivre les conseils avisés de notre Éducation nationale ?

J'ai donc rejoint des établissements financiers en qualité de comptable. Je le serais encore aujourd'hui si je n'avais pas croisé le chemin d'un « chef » tyrannique dont le principal plaisir me semblait être de soumettre ses collaborateurs à son autorité. Mais à la fin des années 1980, s'opposer à la hiérarchie aboutissait fréquemment à recevoir son « solde de tout compte ».

Hasard, chance ou destinée, j'ai eu l'opportunité de changer de métier et de rejoindre la fonction Ressources humaines en qualité de chargé de formation. Ce qui fut une échappatoire s'est révélé être un renouveau. Pour la première fois de ma vie, j'ai éprouvé du plaisir à exercer un métier et cela n'a, depuis, jamais cessé.

Je me demande souvent ce que je serais devenu si je n'avais pas eu la chance de croiser le chemin de dirigeants qui ont fait le pari de me soutenir et de m'accompagner dans mon évolution professionnelle en management des ressources humaines.

Et surtout, je m'interroge sur le nombre de personnes qui, comme moi au début de ma carrière, n'éprouvent pas de plaisir dans leur travail. Est-ce leur choix ? Aimeraient-elles être plus épanouies dans leur travail ? Qu'est-ce qui les en empêche ? Et surtout, que faudrait-il faire pour les y aider ?

Cela fait plus de 20 ans que j'explore des solutions pour qu'entreprises et salariés parviennent à trouver le juste équilibre entre épanouissement personnel et performance professionnelle. J'ai rencontré beaucoup d'entreprises qui se sont engagées dans cette quête, de la TPE à la multinationale, appris de leurs difficultés, compris les causes de leurs échecs et analysé les conditions de leurs réussites. J'ai aujourd'hui l'intime conviction qu'il est tout à fait possible de concilier ces deux attentes, mais je crois aussi que tant que nos institutions et nos entreprises continueront d'adopter des modes de management et d'administration traditionnels, ce pari sera très difficile à relever.

Concilier plaisir et travail suppose de penser autrement, d'apprendre à désapprendre pour inventer de nouvelles formes de collaboration.

Destiné aux dirigeants, managers et professionnels de la fonction Ressources humaines, ce livre a été écrit pour nourrir leurs réflexions, être source d'inspiration et leur faire bénéficier de retours d'expériences d'entreprises qui se sont engagées dans cette démarche.

Le premier chapitre a pour but de prendre un peu de hauteur et d'éprouver les généralités qui sont habituellement évoquées pour développer le plaisir au travail, de manière à se rendre compte qu'elles s'avèrent bien souvent de fausses bonnes idées. En comprendre les raisons permet de s'ouvrir à de nouvelles perspectives.

Le deuxième chapitre pose le cadre, définit la notion de plaisir au travail et la différencie de celles de motivation, de bien-être et de satisfaction. Après avoir abordé l'évolution du rapport au plaisir dans notre société et en entreprise, il permet de mieux comprendre les raisons pour lesquelles cette notion peut être plus ou moins bien perçue selon les cultures managériales.

Le troisième chapitre propose un référentiel de « 30 appétences universelles » dont le contenu a été élaboré sur la base des déclarations faites par des centaines de personnes sur les plaisirs qu'elles éprouvent à exercer leur métier. Cet outil a pour objectif d'aider les personnes à prendre conscience de ce qui leur procure du plaisir au travail.

Le quatrième chapitre répond aux attentes des lecteurs qui souhaitent découvrir des outils concrets et pragmatiques qu'ils pourraient mettre en œuvre au sein de leur entreprise pour préserver, renforcer ou développer le plaisir au travail des salariés. Chaque outil fait l'objet d'une proposition d'utilisation ainsi que de commentaires et de préconisations issus des retours d'expériences des entreprises qui se les ont appropriées.

Le cinquième chapitre permet au lecteur de bénéficier des retours d'expériences des entreprises qui se sont engagées dans cette démarche de manière à mieux comprendre ce qui freine et facilite l'appropriation.

Compte tenu du temps que nous consacrons à travailler, la vie serait certainement plus agréable si entreprises et salariés parvenaient à trouver le juste équilibre entre performance et plaisir au travail. Ce livre a été écrit pour inspirer les lecteurs en quête d'idées pour relever ce nouveau défi.

Chapitre 1

LES 5 FAUSSES BONNES IDÉES SUR LE DÉVELOPPEMENT DU PLAISIR AU TRAVAIL

Après l'amélioration des conditions de travail, de la prévention des risques psychosociaux et du bonheur au travail, les entreprises sont de plus en plus nombreuses à vouloir s'engager dans des stratégies de développement du plaisir au travail. Encore une nouvelle mode ou un nouveau besoin à satisfaire ?

Est-il possible de concilier plaisir personnel et performance professionnelle ? Qui en est responsable ? Comment faire ? Si nos entreprises sont assez avancées en ce qui concerne l'amélioration des conditions et de la qualité de vie au travail, la notion de plaisir reste encore relativement floue.

S'il existe de plus en plus d'articles qui fleurissent sur le sujet, ils énoncent un certain nombre d'axiomes qui, pour peu que l'on prenne un peu de recul, ne sont pas aussi fondés qu'il n'y paraît.

Considérer qu'il suffit de donner du sens, de motiver ou de mettre du fun dans l'entreprise pour que les salariés éprouvent du plaisir dans leur travail au quotidien est très loin d'être suffisant. C'est pour cette raison qu'avant d'entrer dans le cœur du sujet, il semble important de mettre à l'épreuve ce qui est régulièrement mis en avant.

Le jeu de dupe de la motivation

Beaucoup de managers considèrent que l'épanouissement professionnel de leurs collaborateurs repose sur leur capacité à les motiver. Cette croyance nous amène à nous poser la question suivante : « Est-il possible de motiver une personne à aimer un métier ? ».

Illustration

Laurent a 42 ans. Commercial depuis 18 ans, son métier ne le passionne plus autant qu'avant. Le poids de l'administratif, le temps consacré au reporting

ainsi que les objectifs de vente ciblée qui lui sont imposés ne lui permettent plus de jouer pleinement son rôle de conseil et d'entretenir une relation de qualité avec ses clients. Il décide d'en parler à Sabine, sa responsable. Sabine reçoit Laurent qui lui fait part de sa démotivation. Laurent est un excellent commercial. Elle l'écoute et comprend parfaitement les raisons de son désengagement mais elle ne peut se passer de lui. Elle procède donc comme on lui a appris en formation : elle redonne du sens en expliquant que le reporting est primordial pour que la direction puisse ajuster ses objectifs et piloter le budget de l'entreprise, que l'administratif, certes rébarbatif, est essentiel pour préserver la certification ISO.
Elle lui précise que l'entreprise traverse une période difficile, que les objectifs de vente ciblée sont issus d'un choix stratégique de la direction générale et que la force d'un commercial est de persuader les clients d'acheter ce que l'entreprise veut leur vendre. Elle le couvre d'éloges, met en avant ses compétences, lui propose même de lui verser une prime exceptionnelle et l'invite à se remotiver car c'est un excellent professionnel et l'entreprise compte sur lui pour renouer avec le succès.

Pensez-vous vraiment que Laurent soit sorti de cet entretien remotivé ? Pourtant, Sabine a fait exactement ce qu'on lui a appris : elle a redonné du sens, reconnu son professionnalisme et lui a même proposé une prime pour le motiver.

Cependant, Sabine a tout faux. À aucun moment elle ne s'est intéressée à Laurent, au contraire, elle est restée centrée sur les besoins de l'entreprise. Il y a même fort à parier qu'elle comprend parfaitement ce que peut ressentir Laurent mais, puisqu'elle ne peut pas agir sur les axes stratégiques et les processus, elle préfère éviter d'en parler. Conclusion : cet entretien n'a servi à rien, si ce n'est peut-être à renforcer le désengagement de Laurent qui n'a pas eu le sentiment d'être écouté.

Comme le souligne Jim Collins, célèbre consultant américain, « dépenser de l'énergie à essayer de motiver les gens est une énorme perte de temps[1] ». Que penser de cette déclaration alors que cela fait des décennies que l'on apprend aux managers que l'une de leurs principales responsabilités est de motiver leurs équipes ? Qu'elle est parfaitement fondée, surtout quand il s'agit d'aider une personne à renouer avec le plaisir.

1. Extrait du livre *De la performance à l'excellence*, Jim Collins, Pearson, 2001.

Si l'on se réfère à sa définition, « motiver[1] » une personne consiste à lui donner envie, argumenter, voire justifier, pour faire en sorte qu'elle fasse ce que vous attendez. Il s'agit par conséquent pour la plupart du temps de convaincre l'autre, ce qu'a tenté de faire Sabine lors de son entretien.

Principaux rôles du manager, selon les managers :
- développer les compétences (37 %) ;
- donner du sens aux objectifs collectifs (35 %) ;
- organiser le travail des collaborateurs (30 %) ;
- motiver les collaborateurs (30 %) ;
- veiller à l'épanouissement professionnel des collaborateurs (19 %)[2].

Nombreux sont les managers qui estiment qu'il est de leur responsabilité de motiver leurs collaborateurs. Certes, mais dans quel but ? Les différentes théories motivationnelles ont pour intention d'expliquer la diversité des besoins que les individus cherchent à satisfaire au travail. Alors qu'elles ont été enseignées aux managers dans le but de mieux prendre en considération les besoins de leurs collaborateurs, elles ont surtout été utilisées pour convaincre les salariés de satisfaire les besoins de l'entreprise : « Je vais t'expliquer pourquoi c'est bon pour toi de faire ce que je te demande ». C'est sans doute pour cette raison que plus de la moitié des salariés français expriment une certaine amertume envers leurs responsables hiérarchiques.

74 % des Français estiment que « leurs supérieurs hiérarchiques se contentent d'imposer leurs points de vue[3] ».
64 % des Français estiment que « leur manager pense d'abord à lui avant de penser à eux ».
57 % des Français regrettent que « leur manager ne se soucie pas de leur bien-être[4] ».
46 % des salariés français estiment que leurs managers ne veillent pas à leur épanouissement.[5]

1. Motiver signifie « justifier par des motifs ».
2. Source : enquête BVA pour Axys consultants, octobre 2012.
3. Enquête Audencia Business School, décembre 2017.
4. Source : étude « Parlons travail » réalisée par la CFDT auprès de 200 000 salariés, mars 2017.
5. Source : enquête BVA pour Axys consultants, octobre 2012.

N'en voulons pas à nos managers car, dans l'ensemble, ils sont rarement reconnus par leur aptitude à développer le plaisir au travail de leurs collaborateurs mais plutôt par leur capacité à faire en sorte que ceux-ci se conforment aux règles et atteignent les objectifs qu'ils leur ont assignés.

De plus, ce n'est pas parce qu'une personne satisfait un besoin que cela lui procure pour autant du plaisir. Par exemple, si percevoir un salaire répond au besoin de sécurité, cette attente est rarement évoquée comme étant une source de plaisir au travail.

Par ailleurs, cela fait des décennies que l'on entend dire de la part de consultants émérites que donner du sens renforce la motivation. Mais ce n'est pas parce que les salariés comprennent les orientations et la stratégie de leur entreprise qu'ils vont pour autant éprouver du plaisir dans leur travail au quotidien ou s'engager avec enthousiasme dans les changements qui leur sont, dans l'ensemble, imposés.

En ce qui me concerne, une entreprise aurait beau donner du sens au métier de vendeur, mettre à ma disposition une voiture de fonction, me former aux nouvelles techniques de vente, il lui serait très difficile de me faire éprouver du plaisir à exercer ce métier, tout simplement parce que le contenu de cet emploi me provoque plus de souffrance que de plaisir.[1]

Aussi, au lieu de perdre votre temps à vouloir motiver un collaborateur, aidez-le à réfléchir sur ce qui lui procure du plaisir dans le travail, explorez avec lui les leviers d'amélioration de son épanouissement. Arrêtez de vous comporter comme un parent à son égard mais rendez-le auteur et acteur de son épanouissement professionnel.

Le développement du plaisir au travail nécessite de laisser de côté sa posture de manager contrôlant/omniscient pour endosser celle de « coach », dont la raison d'être est d'aider une personne à devenir responsable de son bonheur.

Axe de réflexion

Au lieu de perdre votre temps à motiver, rendez chacun responsable de son épanouissement.

1. C'est l'une des raisons pour lesquelles j'ai une profonde admiration pour ceux qui exercent ce métier.

Le fun au travail ne rend pas le travail plus fun

Impossible d'échapper aux innombrables articles qui vantent les mérites d'entreprises qui s'inspirent de la culture start-up de la Silicon Valley pour mettre plus de « fun » dans leur entreprise et du « whaou » dans leur management.

Mais il y a confusion entre instaurer du fun au travail, à savoir organiser des moments de convivialité (soirées, repas à thèmes, parties de baby-foot...) ou aménager les locaux de manière à ce qu'ils soient plus agréables (comme le fait si bien Google) et rendre le travail plus amusant, ce qui est une autre paire de manches.

Illustration

Albert travaille dans une usine et consacre toute sa journée à vérifier la conformité des carrés de chocolat sur la chaîne de production puis à les empaqueter. S'il n'aime pas vraiment son métier qu'il fait pour gagner de l'argent, il éprouve quand même une certaine satisfaction à se rendre au travail car il sait qu'il va retrouver ses collègues avec qui il s'entend bien. Son entreprise attache de l'importance à ce que ses salariés soient heureux. C'est pourquoi elle a aménagé une salle de sport ainsi qu'une salle de jeux pour préserver une bonne ambiance et renforcer les liens entre les collaborateurs.

Si Albert est content de partager certains moments récréatifs avec ses collègues, cela ne compense pas le fait qu'il n'éprouve aucun plaisir à faire son job. Jusqu'à présent, cela ne le dérangeait pas mais, depuis qu'il a fêté ses 41 ans, il se dit qu'il ne peut pas continuer à faire ce métier toute sa vie. Mais sans diplôme, que peut-il bien faire d'autre ?

Ce n'est pas parce que l'entreprise met à disposition de ses collaborateurs une salle de jeux ou installe un toboggan pour se rendre à la cafétéria – qui propose des produits bio – que cela va influer sur le niveau de plaisir qu'éprouve un salarié à réaliser au quotidien un métier qu'il n'aime pas.

Modifier l'environnement et les conditions de travail va très certainement avoir une influence positive sur l'ambiance générale, rendre l'atmosphère sans aucun doute plus chaleureuse et festive mais n'aura que très peu d'incidence sur le niveau de plaisir procuré par un emploi au quotidien.

De plus, selon certains témoignages, le côté « fun » et « whaou » peut agacer les personnes qui ne sont pas à l'aise avec cette approche. Pire encore, quelques entreprises constatent une transformation des comportements de certains de leurs collaborateurs, comparables à ceux d'enfants gâtés qui n'hésitent pas à faire part de leur frustration de ne pas pouvoir assister à des séances de yoga quand ils le souhaitent ou se montrent très critiques vis-à-vis de l'offre de restauration qui ne propose pas de plats végétaliens... À force de trop vouloir le bonheur de leurs salariés, la relation a évolué d'un rapport parent normatif (« Tu fais ce que je te dis, un point c'est tout »)/enfant rebelle (« J'ai des droits ») ou soumis (« C'est pas juste ») à celle de parent flexible (« Dis-moi ce que tu veux mon p'tit chéri »)/enfant exigeant (« Puisque tu me le demandes, je veux une télé dans mon bureau pour jouer en réseau avec mes collègues »).

L'ampleur que prend la notion de bonheur au travail a même incité certaines entreprises à créer une fonction dédiée à l'amélioration du bien-être de leurs salariés : « *Chief happiness officer* (CHO) », « Feel good managers » ou tout simplement « Responsable du bonheur au travail ». Ces nouveaux emplois ont-ils une influence sur l'amélioration du plaisir au travail ?

Difficile à dire pour le moment car les missions sont dans l'ensemble assez floues et varient d'une entreprise à une autre. Les quelques 200 professionnels en charge de cette nouvelle responsabilité sont plutôt mobilisés sur l'amélioration des conditions de travail, l'organisation de moments festifs, la proposition de nouveaux services comme des cours de yoga, des conciergeries et des crèches, la création de salles de sieste ou de sport... mais il n'y a pas vraiment d'initiatives sur le développement du plaisir qu'éprouvent les salariés lors de la réalisation de leurs activités.

En outre, comme le souligne Laurence Vanhée, ancienne directrice du bonheur et membre du comité de direction de la Sécurité sociale belge, il y une différence majeure entre instaurer ces types de dispositifs dans le cadre d'une stratégie d'amélioration des conditions de travail des employés afin qu'ils soient plus performants, et vouloir paraître plus fun. Pascal Grémiaux, fondateur de la PME Eurecia, entreprise labellisée « Great Place to Work », va même jusqu'à dire qu'après avoir étudié la pertinence de ce type de poste, il est arrivé au constat que « le poste de CHO, c'est de la poudre de perlimpinpin ! Le bonheur ne se décrète pas et on n'a surtout pas besoin d'embaucher une personne pour organiser un barbecue[1] ! ».

Pire, l'affichage de la « coolatitude » ou de slogans branchés de type « *Innovate or die* » peuvent être une source de désengagement s'ils ne sont pas ancrés concrètement dans les pratiques professionnelles, comme peut en témoigner un jeune collaborateur nommé au poste de « *Product Owner* », nouvelle fonction née du management agile, qui s'est vu refusé toutes ses propositions d'amélioration. Et le fait qu'il ait la possibilité de se détendre en faisant une partie de « Mario Kart » avec ses collègues sur la Wii mise à disposition n'y changera rien[2].

La plupart des dispositifs d'amélioration du bonheur au travail tels qu'on les connaît aujourd'hui n'ont ainsi que très peu d'influence sur le plaisir qu'éprouve un salarié à réaliser ses missions au quotidien.

Axe de réflexion
Plutôt que de mettre du fun au travail, mieux vaut rendre le travail plus fun.

Faites-vous des kifs par jour, ça fait du bien mais ça ne changera rien

« Positive ta vie et ta vie sera positive ! »

On assiste depuis peu à une montée en puissance des bienfaits de la psychologie positive sur l'épanouissement personnel. Mais cette discipline peut-elle également mener à plus de plaisir au travail ?

S'il est vrai que la pensée positive peut aider les personnes à atténuer leur peur, leur colère, leur tristesse, leur stress, aider à relativiser, surmonter certaines difficultés, rebondir après un échec, il s'agit avant tout d'une représentation mentale que la personne se construit pour se concentrer sur le verre à moitié plein (positivisme) au lieu de se laisser influencer par le verre à moitié vide (négativisme).

1. Extrait de l'article du 9 octobre 2017 intitulé : « À quoi servent vraiment les CHO ? », paru dans la revue *Challenges*.
2. Extrait de l'article du 16 mai 2017 intitulé : « Start-up : le syndrome du baby-foot », paru dans la revue *Challenges*.

Il ne fait aucun doute que la psychologie positive permet à une personne d'accéder plus facilement au bonheur et d'améliorer sa relation aux autres du fait d'un comportement plus positif vis-à-vis de son environnement, mais cela ne signifie pas pour autant que l'environnement est prêt à recevoir ce positivisme et à composer avec s'il ne le souhaite pas.

Illustration

Michel est préparateur de commandes dans une entreprise de transport. Il a toujours aimé ce métier, notamment parce que sa mission consistait à sélectionner les paquets à livrer en fonction des adresses de livraison, du poids et de la taille des colis. C'était pour lui comme constituer un puzzle. Mais avec la modernisation, Michel n'a plus ce type de responsabilité et n'est plus autorisé à prendre des initiatives car tout est à présent géré par le système informatique.

Cela fait quelques mois que Michel n'éprouve plus de plaisir. Le processus étant entièrement automatisé, il sait que son savoir-faire n'a plus vraiment de valeur. Il est très pessimiste sur son avenir. Il a assisté à une conférence sur la pensée positive. Depuis, il a appris à relativiser ce qu'il vit et se sent un peu mieux.

Mais, bien qu'il soit moins nostalgique, il sait qu'il ne renouera pas avec le plaisir dans son métier parce que son employeur n'a pas l'intention de changer quoi que ce soit dans son organisation.

Nous aurons beau inviter les collaborateurs à se faire des « kifs » ou des « kiss » chaque jour, cela ne rendra pas le contenu de leur emploi plus plaisant si l'entreprise ne leur donne pas une certaine autonomie pour leur permettre d'aménager les modalités de réalisation des activités de manière à ce qu'elles soient plus épanouissantes.

Par ailleurs, comme le démontre une étude publiée en 2009 par l'université de Waterloo, la psychologue Joanne Wood et ses collègues ont constaté que pour les personnes ayant une haute estime d'elles-mêmes, la pensée positive améliore légèrement l'humeur. En revanche, en ce qui concerne les personnes qui ont une faible estime d'elles-mêmes, ces affirmations positives se retournent contre elles et entraînent une moins bonne humeur, leur rappelant qu'elles passent « à côté » de leur vie. Selon l'Institut français du leadership positif (l'IFLP), la pensée positive peut être contreproductive vis-à-vis des personnes pour qui l'inquiétude est un mécanisme naturel d'adaptation. Et lorsque l'on sait que les Français sont les champions du monde du pessimisme[1], il y a de quoi s'interroger sur les vertus de la pensée positive pour une personne qui exerce un emploi qui ne lui plaît pas et qui ne dispose d'aucune latitude d'action pour en faire évoluer le contenu.

En revanche, la psychologie positive peut être un élément déclencheur qui permet de prendre conscience que nous ne sommes pas ou plus « au bon endroit » et qu'il est possible de reprendre les rênes de notre destin et de renouer avec le plaisir en s'engageant dans un projet d'évolution professionnelle, soit au sein de son entreprise si cela est possible, soit au sein d'une autre entreprise, ou encore dans le cadre d'une création d'entreprise.

Axe de réflexion
Offrez plus de latitude et d'autonomie aux collaborateurs pour qu'ils puissent rendre leur travail plaisant.

Les faux-semblants de l'entretien d'évaluation

À la question : « Comment savez-vous que les missions que vous confiez à un collaborateur lui procurent du plaisir ? », beaucoup de dirigeants répondent : « Grâce à l'entretien d'évaluation. » Point de vue qui ne semble pas partagé par tous les collaborateurs.

Illustration

Revenons à Laurent, notre commercial de 42 ans. Cela fait six mois qu'il a évoqué son désengagement progressif vis-à-vis de son métier et rien n'a vraiment changé depuis. Il attend donc l'entretien d'évaluation annuel pour acter officiellement sa démotivation et espérer trouver une affectation sur un poste qui lui procurerait plus de plaisir car il éprouve un réel attachement à son entreprise qu'il ne souhaite pas quitter.

1. Article de la revue *Challenges* du 24/07/2015 : « Les Français toujours champions du monde du pessimisme. »

Reçu par Sabine, l'entretien commence par le bilan quantitatif de l'année écoulée, qui n'est pas conforme aux objectifs, ce qui peut s'expliquer assez facilement compte tenu de ce qui a été évoqué lors de l'échange informel qu'elle a eu avec Laurent il y a quelques mois. Ce dernier s'explique à nouveau ou, plus précisément, se justifie. Sabine l'écoute, note les arguments sur le document.
Elle déroule l'entretien comme la notice l'y invite. Elle arrive à la partie « compétences », ne mentionne rien car Laurent est un excellent commercial. Mais peut-être qu'une formation sur la psychologie positive pourrait lui être profitable et l'aider à renouer avec le plaisir ? Elle complète la rubrique « demandes de formation » en conséquence.
La relation est assez tendue. Laurent ne se sent pas écouté, ni compris d'ailleurs. Arrive alors la dernière partie de l'entretien, celle où le salarié a la possibilité d'exprimer un projet d'évolution professionnelle. Laurent demande à Sabine s'il serait possible d'évoluer vers un autre poste et lui demande conseil. Sabine est assez gênée car elle ne connaît pas tous les métiers de son entreprise. Elle suggère donc dans l'entretien que Laurent soit reçu par la direction des ressources humaines pour évoquer ce projet.
Il ne reste plus à Sabine qu'à compléter la partie sur les objectifs à venir en rappelant le sens. Et voilà, l'entretien est terminé.

L'entretien annuel est souvent évoqué comme un dispositif permettant d'échanger sur les plaisirs et déplaisirs au travail mais c'est très rarement le cas. Pour quelle raison ? Peut-être tout simplement parce que ce n'est pas sa vocation. L'entretien d'évaluation annuel a été conçu par l'entreprise, pour l'entreprise. Son but originel est d'évaluer le niveau de performance et de compétence d'un collaborateur au regard des attentes de l'employeur et, si le résultat n'est pas conforme aux attentes, d'identifier des actions permettant au salarié de devenir plus performant.

Selon le cabinet Deloitte, l'entretien annuel consomme près de 2 millions d'heures par an aux États-Unis. Par ailleurs, cette société de conseil constate que ce dispositif, dans sa forme actuelle, étant centré principalement sur la performance individuelle passée, n'engendre ni motivation, ni engagement.[1]

1. Extrait de l'article paru le 20 avril 2016 dans *Les Échos*, intitulé « Entretiens annuels d'évaluation : chronique d'une mort annoncée ».

C'est sans doute l'une des raisons pour lesquelles de plus en plus d'entreprises, parmi lesquelles Accenture, Gap, Cisco ou encore Microsoft, abandonnent ce système au profit d'entretiens de feed-back plus réguliers, centrés sur les collaborateurs et non sur la performance qui est par ailleurs mesurée périodiquement dans le cadre d'autres dispositifs.

Il y a bien l'entretien professionnel, issu de la loi du 5 mars 2014, qui pourrait permettre d'échanger sur ce sujet mais il semble que les entreprises peinent à se l'approprier[1].

Souvent confié aux managers, ceux-ci sont-ils les mieux placés pour aider leurs collaborateurs à explorer des opportunités d'évolution professionnelle ? Disposent-ils de toutes les informations pour le faire ? Rarement. Ont-ils été formés aux techniques d'animation spécifiques de ce type d'entretien qui nécessite davantage une posture de coach (responsabiliser) que de manager (conseiller) ? Rarement aussi. Ont-ils des outils qui leur permettraient d'aider leurs collaborateurs à identifier les plaisirs que pourrait leur procurer tel ou tel métier. À priori, non.

S'il y a bien des entreprises qui ont réformé leur entretien annuel et ont adapté le contenu pour qu'il soit un véritable support d'échange sur les plaisirs et déplaisirs ressentis par leurs collaborateurs, force est de constater qu'elles ne sont pas légion.

Axe de réflexion

Au lieu de croire que vous savez ce qui est bon pour un collaborateur, invitez-le à exprimer ce qu'il aime, ce qu'il n'aime pas et ce qu'il compte faire pour être plus épanoui et performant (s'il en exprime l'envie).

Suivre un bilan de compétences, oui, mais pour quoi faire ?

Lorsqu'un salarié n'éprouve plus de plaisir dans son travail, que l'entreprise ne dispose ni des compétences pour l'accompagner dans une reconversion professionnelle ni la capacité de lui proposer un emploi qui lui convienne, il est fréquent de recourir au bilan de compétences. Mais ce

1. 81 % des salariés n'ont pas été reçu fin 2015 pour leur entretien professionnel, source Ifop.

dispositif est-il fait pour aider une personne à renouer avec le plaisir au travail ? Dans sa forme actuelle, rien n'est moins sûr.

Illustration

Suite aux préconisations formulées par Sabine dans l'entretien annuel de Laurent, ce dernier décide de rencontrer la direction des ressources humaines pour définir un projet d'évolution professionnelle qui lui permettrait de renouer avec le plaisir qu'il n'éprouve plus en tant que commercial.

La directrice des ressources humaines est assez gênée car elle n'a pas de poste vacant dans les mois à venir mais elle ne peut laisser Laurent dans cet état. Aussi décide-t-elle de lui financer un « bilan de compétences » pour l'aider à explorer de nouvelles pistes d'emploi.

Laurent se voit donc accompagné par un consultant pour faire, comme le préconise la réglementation en vigueur, une analyse de son expérience professionnelle, un inventaire de ses compétences, pour compléter des questionnaires de personnalité, déclarer ses motivations et centres d'intérêts, puis prendre connaissance d'un référentiel de métiers à la suite de quoi il est invité à déterminer un projet d'évolution professionnelle en tenant compte du contexte économique et des réelles perspectives d'emploi.

Ses compétences en négociation et son goût pour les relations humaines l'ont amené à définir un projet de médiateur, projet conforté par le consultant. Mais il n'est pas vraiment convaincu que ce métier lui plaira. Il présente la synthèse à sa DRH qui est bien embarrassée car elle n'a pas ce genre de poste à pourvoir au sein de l'entreprise. Laurent, qui ne souhaite pas quitter son entreprise, est dans une impasse.

Présenté comme dispositif permettant de construire un projet d'évolution professionnelle, le bilan de compétences, parce que trop tourné vers le passé, trop normalisé, déçoit la plupart des personnes.

Voici les principales raisons pour lesquelles cet outil d'aide à l'évolution professionnelle semble avoir perdu de son efficacité :

- Le temps consacré à formaliser l'historique professionnel ainsi que le portefeuille de compétences acquises est trop important et ne présente que peu d'intérêt. Premièrement, parce que la plupart des personnes connaissent ce qu'elles savent faire et, surtout, ce qu'elles ne veulent plus faire, mais ignorent souvent ce qu'elles aimeraient faire d'autre. Or, c'est souvent pour ce dernier point qu'elles ont recours à ce dispositif. Deuxièmement, parce qu'il n'est pas forcément pertinent de construire son futur sur la base de son passé. Cette étape peut être intéressante si l'on veut construire son projet d'évolution professionnelle comme une suite logique de son expérience mais elle ne présente que peu d'intérêt si l'on souhaite changer de métier. En quoi le temps consacré à la formalisation d'un historique de 20 ans de carrière en qualité de comptable permet-il de se forger une idée sur une éventuelle reconversion dans le métier de la restauration ? Avouons que cela n'a pas vraiment de sens et que c'est une vraie perte de temps.

- La présentation de la diversité des métiers se fait souvent soit sur la base de modèles assez simplistes qui dressent des catégories d'activités comme le modèle RIASEC créé il y a 45 ans[1], soit sur la base de référentiels emplois dont le contenu se résume souvent à une liste d'activités et de compétences. Outre la forme qui est encore littéraire, donc peu attractive en soi, aucun de ces documents ne mentionne les plaisirs procurés par les métiers. Aucune passerelle entre métiers n'est élaborée sur la base des plaisirs communs. Aucun outil n'est à ce jour construit de manière à permettre à des personnes de prendre conscience du potentiel de plaisir éprouvé dans des métiers qu'elles n'ont jamais exercés. Comment est-il alors possible de savoir si tel ou tel métier sera source d'épanouissement ?
- La grille de lecture principale est la compétence. Or, si l'on admet l'idée qu'il est possible de savoir faire sans pour autant aimer faire, que devient la pertinence de ce seul critère si le but est de trouver un emploi épanouissant ? L'accès à un emploi se réduit-il au seul critère de la compétence ? Faire abstraction de l'appréciation du niveau de plaisir procuré par un emploi ne permet pas de se forger une idée sur la durée de l'engagement d'une personne dans son nouvel emploi. Que penser des sommes dépensées pour former une personne à un nouveau métier qu'elle risque fort d'abandonner parce qu'elle n'éprouve aucun plaisir à l'exercer ? Surtout quand on sait que, de nos jours, les salariés n'hésitent pas à rompre leur période d'essai lorsque leur nouvel emploi ne leur procure pas de plaisir.

1. Le modèle RIASEC a été mis au point par le psychologue John L. Holland en 1973. Il vise à demander à une personne de déclarer son affinité avec certains types d'activités telles que les activités artistiques, administratives, manuelles…

Le taux de turnover était de 8 % en France en 1999. Il sera d'environ 15 % en 2018.
Le principal motif de départ est l'absence de bien-être (35 %), loin devant l'insatisfaction du salaire (10 %).
4 % des nouvelles recrues quittent leur job le premier jour et 22 % des turnover surviennent dans les 45 premiers jours.

- La dernière étape du bilan de compétences consiste à évaluer le niveau de réalisme du projet professionnel au regard du marché de l'emploi et du contexte économique. Cette « mesure de précaution » peut apparaître noble parce qu'elle évite de mettre une personne en situation d'échec, mais elle présente aussi une certaine limite car elle empêche l'audace et la prise de risque. Les organismes de bilans de compétences sont certainement performants pour l'aide au retour à l'emploi sur des postes « conventionnels » mais le sont-ils sur les métiers émergents ou sur la création d'entreprise ? Ce n'est pas vraiment ce qui ressort des témoignages des personnes qui ont vécu cette expérience.

Les outils qui sont utilisés dans ce dispositif sont assez traditionnels et n'ont pas pour vocation d'aider une personne à apprécier le niveau de plaisir qu'elle ressentirait à exercer un nouveau métier. C'est pourquoi sa pertinence est souvent remise en cause en ce qui concerne cet objectif.

Axe de réflexion

Ce n'est pas parce que l'on sait faire que l'on aime faire : l'identification de nouvelles opportunités professionnelles épanouissantes repose davantage sur les appétences que les compétences.

Parce que « faire toujours la même chose produit les mêmes effets », parce que les 5 fausses bonnes idées qui viennent d'être abordées ne permettent pas de développer le plaisir que ressent un salarié lorsqu'il réalise ses missions, il fallait proposer une nouvelle approche, de nouveaux outils. Telle est l'ambition de ce livre.

1. Source : Dares indicateurs et étude publiée par HayGroup en 2017.

Chapitre 2

TROUVER DU PLAISIR AU TRAVAIL : SANS RIRE, VOUS ÊTES (VRAIMENT) SÉRIEUX ?

Autrefois un moyen de survie, puis un devoir, puis un symbole de réussite sociale, je suis à présent une source d'épanouissement personnel : qui suis-je ? Il s'agit bien évidemment du travail.

On parlera volontiers du plaisir que l'on ressent à cuisiner, à jouer au tennis, à conduire, mais évoquer le plaisir que l'on éprouve à travailler est plutôt rare, parfois même indécent pour certaines personnes. Il est par ailleurs fréquent d'entendre que le travail n'a pas pour vocation d'être une source d'épanouissement personnel.

Évolution du rapport au plaisir dans notre société

Avant de nous intéresser au plaisir au travail, il semble opportun d'aborder l'évolution du rapport au plaisir dans notre société. Si l'on considère l'entreprise comme un élément d'un système social, il est naturel de penser que lorsque le système social évolue, l'entreprise, en tant qu'élément du système, évoluera aussi.

Alors que depuis quelques années de nombreux ouvrages sont parus sur le bonheur, il n'en est pas de même en ce qui concerne le plaisir. Pour quelles raisons ? Serait-ce un sujet tabou dans notre culture ?

Zénon, Marc-Aurèle, Sénèque, Cicéron et leurs disciples préconisaient une ataraxie, une quiétude intérieure résultant de l'absence de troubles, admettaient les passions humaines mais s'efforçaient de contenir leurs expressions dans des limites raisonnables. Ainsi, les plaisirs devaient être consommés avec modération, à satiété mais jamais au-delà.

Cette sagesse stoïcienne fut reprise par l'Église chrétienne puis progressivement détournée vers une culpabilisation des plaisirs. L'Église, portée par son succès, va peu à peu évoluer de la condamnation des excès (les sept péchés capitaux) à celle des plaisirs eux-mêmes, jusqu'à vouloir éradiquer les fêtes populaires de « lâcher prise » de l'époque, comme celle des fous. Un modèle d'abstinence, d'ascétisme, d'*apatheia*[1], d'annihilation des désirs et des plaisirs est alors imposé.

D'ailleurs, ces préceptes de contrôle de soi et de restriction des plaisirs sauvages vont être à la base de ce que Norbert Elias intitulera « la Civilisation », qui débute dès la fin du Moyen Âge : au seigneur bruyant, emporté, bagarreur, capable de tuer qui bon lui semble, de kidnapper sa belle, de boire et de manger sans retenue, va succéder l'idéal de l'homme de cour distingué. Le XVIIe siècle est le siècle du néo-stoïcisme chrétien qui prend le pas sur l'intempérance des siècles précédents.

Dès lors, la politesse et la bienséance veulent que ce qui fait plaisir ne se divulgue pas et s'affiche le moins possible. Comme l'esprit domine le corps, la raison doit limiter les plaisirs.

On apprendra aux enfants à taire leurs émotions. Le jeune adulte est prié d'oublier ses distractions passionnantes pour un emploi rémunérateur et l'élue de son cœur pour un mariage de raison. Le plaisir n'est pas un objectif de vie. Au contraire, il détourne du but qu'est la pérennité de la lignée, l'accroissement du patrimoine familial, l'honneur de la patrie.

Cette attitude fut d'autant plus consolidée après la Seconde Guerre mondiale que la reconstruction positionne chaque citoyen à contribuer à l'effort collectif sans s'autoriser à satisfaire ses désirs personnels. Il n'y a que dans des cercles privés ou dans des caves clandestines que l'on s'adonne à certains plaisirs.

Mais dans une vie sans plaisirs, on s'ennuie, et la jeunesse, au milieu des années 1960, étouffe et finit par s'opposer à la docilité de ses ainés vis-à-vis des institutions et revendique d'abandonner toutes ces valeurs « honorifiques » et d'adopter un hédonisme radical résumé dans quelques slogans comme « Jouir sans entrave », « Prenons nos désirs pour des réalités », « Mort aux tièdes » ou encore « Le pouvoir sur ta vie, tu le tiens de toi-même ».

Les publicitaires s'emparent de cette revendication du plaisir et les produits qui étaient jusqu'à présent vantés pour leur utilité sont dorénavant mis en avant par l'émotion qu'ils procurent : « Le plaisir de conduire » de BMW, « Et vos envies prennent vie » de Leroy Merlin, ou encore plus récemment « Hurlez de plaisir » de Zalando.

1. *Apatheia* signifie « absence de passion ».

S'intéresser à notre histoire permet de mieux comprendre l'évolution du rapport au(x) plaisir(s). Pendant des siècles réprimé, l'accès à ses émotions est à présent encouragé, l'expression et la satisfaction de ses plaisirs devient une nouvelle quête et ces attentes s'expriment à présent dans la sphère professionnelle.

La place du plaisir dans le travail

Plaisir et travail sont-ils compatibles ? En quoi le travail, du latin *tripalium*, instrument de torture utilisé par les Romains pour punir les esclaves rebelles, peut bien être source de plaisir ? Serait-ce une spécificité française que d'associer le travail à de la souffrance ? Il semble bien que non puisqu'en Espagne, le mot travail vient de labeur, en Irlande, d'esclavage[1].

Pendant des siècles, travailler a été associé à de la pénibilité, du tourment, une contrainte, de la souffrance[2].

Et pourtant, le rapport au travail a profondément changé ces dernières années. Les salariés attendent à présent qu'il soit source d'épanouissement personnel. De leur côté, la plupart des dirigeants reconnaissent l'importance d'avoir des collaborateurs qui éprouvent du plaisir à travailler. Or, la notion de plaisir est dans l'ensemble relativement absente des discours managériaux et des stratégies sociales.

34 % des Français considèrent que le travail est « avant tout un moyen d'épanouissement personnel » (47 % pour les cadres et cadres supérieurs et 31 % pour les employés et ouvriers)[3].

Est-il possible d'imaginer une entreprise au sein de laquelle tous les salariés éprouvent du plaisir à travailler ? Cette question a été posée à des milliers de personnes lors de séminaires, de conférences et de formations et, contre toute attente, la majorité des personnes ont répondu : « Non ! ».

1. Selon le linguiste Pierre Guiraud, auteur du *Dictionnaire des étymologies obscures*, Payot, 2006.
2. Source : *Dictionnaire historique de la langue française*, Petit Robert, sous la direction d'Alain Rey.
3. Sondage TNS Sofres – Logica, 2012.

Pour quelles raisons une grande majorité de dirigeants et de salariés français manifestent autant de scepticisme à l'égard de la notion de plaisir au travail ? Pour mieux en comprendre les motifs, il est intéressant de poser trois autres questions :

Auto-questionnement

1. Adhérez-vous à l'idée que le travail puisse être une source de plaisir personnel ? ....

2. Croyez-vous que cela soit possible de faire en sorte que chacun puisse éprouver du plaisir dans son travail ? ....

3. Pensez-vous que cela soit facile d'impulser une démarche de développement du plaisir au travail ? ....

Outil n° 1. Autodiagnostic de son rapport au plaisir au travail

Si la quasi-unanimité des personnes interviewées adhèrent à l'idée que chaque salarié d'une entreprise puisse éprouver du plaisir dans son travail, une grande majorité n'y croit pas vraiment, et pour ceux qui pensent que cela serait possible, ils avouent ne pas savoir comment s'y prendre.

Quoi de plus normal puisque la notion de plaisir personnel dans un contexte professionnel n'a jamais été une composante des différents modèles et concepts de management. Comme nous l'aborderons, de nombreux efforts ont été faits en matière d'amélioration des conditions de travail et, plus récemment, en matière d'amélioration du bien-être et de la convivialité, mais cela n'a rien à voir avec la notion de plaisir. Encore faut-il s'entendre sur ce qu'est la notion de plaisir au travail et ce qu'elle n'est pas.

Comment identifier si les Français éprouvent réellement du plaisir dans leur travail ? La première piste consiste à consulter les différents sondages qui sont faits sur le sujet, la seconde à interroger les managers sur ce qu'ils font pour préserver et/ou développer le plaisir de leurs collaborateurs.

Ce qu'en disent les salariés

Il est assez habituel de mettre en avant les résultats des sondages pour légitimer la pertinence de travailler sur un sujet. Voici une synthèse des déclarations des Français en la matière ces dernières années :

86 % des Français disent être satisfaits de leurs conditions de travail[1].
75 % se disent heureux au travail[2].
64 % des Français se disent motivés par leur travail[3].
33 % se rendent au travail avec plaisir[4].
19 % déclarent éprouver du plaisir dans leur travail[5].

Ce travail de recherche permet de prendre conscience de trois points :

- les enquêtes, sondages et études utilisent des terminologies très différentes. Certaines parlent de qualité de vie au travail, d'autres de bonheur, de bien-être, de motivation, de satisfaction et de plaisir, or toutes ces notions sont différentes. C'est pourquoi il semble opportun de les dissocier ;
- sur une même terminologie, les scores varient d'un institut de sondage à un autre. Auquel se fier ? Difficile à dire ;
- les scores varient selon la question. Par exemple, un sondage évoquera que 80 % des Français éprouvent du plaisir à se rendre au travail, un autre affirmera que seulement 20 % déclarent éprouver du plaisir dans leur travail. Serait-il possible que 60 % du plaisir s'évapore quand une personne entre dans l'entreprise ?

Quoi qu'il en soit, l'analyse des résultats de toutes ces études semble dégager une tendance dominante que l'on pourrait résumer ainsi :

80 % des Français sont satisfaits de leurs conditions de travail.
20 % des Français éprouvent du plaisir dans leur travail.

Contrairement à ce que l'on pourrait penser, la majorité des Français se déclarent très satisfaits de leurs conditions de travail. Certainement est-ce dû à un Code du travail de plus en plus vigilant sur ce sujet, à une influence des organisations syndicales qui militent depuis des décennies pour

1. Sondage CSA-Anact, 2012.
2. Étude Ifop-*Pèlerin*, 2016.
3. Étude Ifop-*Sud Ouest Dimanche*, 2014.
4. Étude de l'Institut Think pour Great Place to Work, 2013.
5. Baromètre Edenred-Ipsos 2013 (27 % considèrent le travail comme une « sécurité », 23 % comme une « routine », 14 % comme une « fierté » et 13 % comme une « contrainte »).

l'amélioration des conditions de travail, ou tout simplement parce que de plus en plus de dirigeants français accordent une attention et un intérêt à ce que leurs salariés travaillent dans de bonnes conditions. Mais cela ne signifie pas pour autant qu'ils éprouvent du plaisir dans leur travail.

Ce qu'en disent les managers

Une autre manière d'aborder le sujet consiste à questionner les managers sur ce qu'ils font concrètement pour développer ou préserver le plaisir au travail de leurs collaborateurs.

Mais avant de vous dresser la liste de ce qui est habituellement évoqué, que répondriez-vous si l'on vous posait la question suivante :

« Que faites-vous concrètement pour développer ou maintenir le plaisir au travail de vos collaborateurs ? »

....

Outil n° 2. Document d'exploration des actions de développement du plaisir au travail de ses collaborateurs

Cette question a été posée à des milliers de managers pendant huit ans. Voici les réponses qui reviennent le plus souvent :

- Je dis bonjour à tous les membres de l'équipe tous les matins.
- Je délègue.
- J'ai installé un baby-foot, un billard, une table de ping-pong.
- J'ai confié à l'équipe la responsabilité de s'occuper de la transformation des locaux.
- Je leur achète du bon matériel (bureau, ordinateur, tablette...).
- J'organise des barbecues, des dîners festifs en dehors du temps de travail.
- Je les implique dans les objectifs, les décisions.
- J'ai installé une crèche, une conciergerie.
- J'ai fait appel à une société de restauration qui propose des mets de qualité.

- On se distribue des « kifs ».
- Je les félicite pour leurs résultats.
- J'ai créé une fonction « responsable du bonheur ».

Les exemples cités sont généralement très variés et force est de constater qu'ils ne concourent pas tous au développement du plaisir au travail. Franchement, il semble difficile d'imaginer que convier ses collaborateurs à un dîner en dehors du temps de travail puisse avoir une influence sur le niveau de plaisir ressenti à réaliser leurs missions, non ?

Motivation, bonheur, satisfaction, plaisir au travail : quelles différences ?

Il apparaît nettement que la notion de plaisir au travail est assez floue et se confond avec celles de bonheur, de motivation et de satisfaction. C'est pourquoi, pour apporter de la clarté et surtout se recentrer sur le principe de plaisir au travail, je vous propose ces quatre définitions :

Le bonheur

« J'éprouve du bonheur quand je marche sur la plage, au bord de l'eau. »

Le bonheur est une sensation agréable procurée par la satisfaction du corps et de l'esprit, une sorte de sérénité, de contentement global, sans que cela ait un lien avec un événement précis.

Selon le professeur Robert Lustig, spécialiste américain en neuroendocrinologie, la molécule du plaisir est la dopamine alors que celle du bonheur est la sérotonine. Ces deux substances neurochimiques ont des effets opposés. Alors que la dopamine est un excitant, la sérotonine est inhibitrice et induit un état de plénitude, de relaxation.

Non seulement le bonheur et le plaisir sont deux ressentis différents mais ils ont des conséquences totalement opposées. L'excès de dopamine peut exciter un neurone à un tel niveau qu'il peut le tuer alors que la sérotonine a un effet inverse. Elle calme et apaise.

Alors que le bonheur peut se ressentir sur une certaine durée, le plaisir est une émotion de courte durée lié à un événement précis.

Synonymes : bien-être, béatitude, félicité.

La motivation

« Je suis très motivé à l'idée de dîner avec ma belle-mère. »

La motivation (qui signifie « justifier par des motifs ») est plutôt de l'ordre du désir. Alain Lieury, professeur de psychologie cognitive à l'Université de Rennes 2, la définit comme « l'ensemble des mécanismes biologiques et psychologiques qui permettent le déclenchement de l'action, l'orientation vers un but ou au contraire son éloignement[1] ».

En d'autre termes, la motivation est un ensemble de facteurs dynamiques qui suscitent l'envie de faire quelque chose (motifs d'action) qui, à priori, procurera de la satisfaction, pas nécessairement du plaisir.

Synonymes : envie, désir, mobile.

La satisfaction

« Je suis satisfait de la qualité de service de votre réparateur. »

La satisfaction, qui signifie « mettre fin à l'attente de quelqu'un en exauçant ses désirs », intervient lorsqu'une personne a obtenu ce qu'elle désirait, quand elle est contente de ce qu'elle a obtenu.

Être satisfait d'un résultat ne provoque pas pour autant une sensation de plaisir.

Synonymes : contentement, assouvissement.

Le plaisir

« J'éprouve du plaisir à trouver de nouvelles idées. »

Le plaisir est une notion différente des trois précédentes. Il peut être défini comme un ressenti, un état affectif très agréable procuré par l'accomplissement d'une activité ou d'un moment partagé avec une ou plusieurs personnes.

Synonymes : jouissance, euphorie, régal.

---

1. Alain Lieury, *100 petites expériences de psychologie pour mieux comprendre le cerveau*, Dunod, 2007.

Illustration

Pour mieux comprendre la différence entre ces quatre notions, prenons un exemple dans la sphère personnelle.

Brice, Jean-Christophe, Jean et Sunny sont amis depuis plus de 30 ans. Cette indéfectible amitié leur procure à chacun beaucoup de bonheur car ils sont là les uns pour les autres aussi bien pour partager les joies que les peines de la vie (bonheur).

Jean-Christophe décide de célébrer cette belle amitié en organisant une fête surprise. Il organise cette rencontre, animé par l'envie que ce moment soit inoubliable (motivation).

Le soir venu, Brice, Jean et Sunny se rendent chez Jean-Christophe et découvrent une cinquantaine d'invités. Tous ces amis, dont certains qui ne s'étaient pas revus depuis des années, échangent des anecdotes, se demandent ce qu'ils sont devenus puis s'amusent de bon cœur autour d'activités ludiques (plaisir).

Il semble que tous les invités aient été contents de se retrouver et de passer un si agréable moment. Jean-Christophe est ravi (satisfaction).

Dissocier ces quatre notions permet de prendre conscience que ces états se ressentent et se vivent à des moments différents. La motivation intervient avant de travailler, le plaisir pendant le travail et la satisfaction après avoir travaillé. Pour simplifier, on pourrait dire que le bonheur « professionnel » s'obtient par l'équation suivante :

Bonheur (au travail)
=
motivation (avant le travail)
×
plaisir (pendant le travail)
×
satisfaction (après le travail)

En résumé, si les français sont très satisfaits de leurs conditions de travail et se déclarent dans l'ensemble assez heureux, il y a encore beaucoup à faire pour qu'ils soient plus nombreux à éprouver du plaisir à travailler.

Les quatre sources du plaisir au travail

Dans la mesure où le plaisir et la motivation au travail sont des notions différentes et qu'il n'existe pas d'étude spécifique sur le plaisir au travail, il a fallu partir d'une « page blanche ».

Afin d'identifier les leviers du plaisir au travail, des centaines de personnes ont été invitées à répondre à la question suivante lors de formations, de séminaires et de conférences :

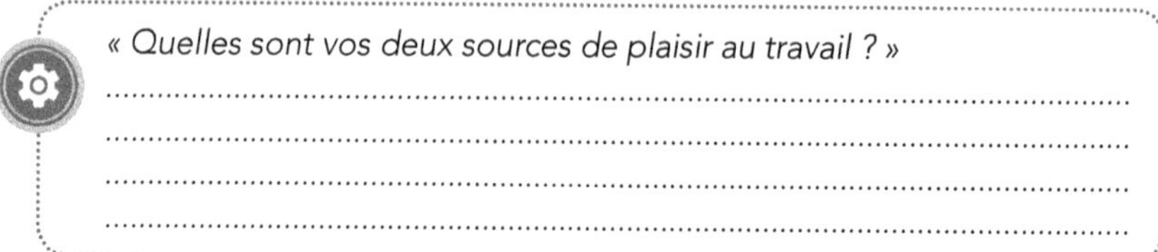

Outil n° 3. Document d'expression des deux sources de plaisir au travail

Toutes les réponses ont été analysées pour être réparties en quatre sources de plaisirs professionnels :

- la première source de plaisir au travail est liée aux conditions de travail (4 % des réponses) : qualité et fonctionnalité des locaux et des moyens mis à disposition, modes d'organisation, rémunération, horaires de travail… ;
- la seconde est liée à l'entreprise (8 % des réponses) : adhésion à la stratégie et aux projets, notoriété, fierté de la marque et des offres, adéquation avec les valeurs… ;
- la troisième est liée à la nature des relations (32 % des réponses) : convivialité, entraide, solidarité, soutien affectif et technique, coopération, reconnaissance… ;
- la quatrième est liée au contenu de l'activité (56 % des réponses) : niveau d'autonomie, variété des activités, mais aussi et surtout les plaisirs ressentis par la réalisation des activités telles que relever des défis, apprendre de nouvelles connaissances, faire preuve de débrouillardise, imaginer de nouvelles idées, trouver des solutions originales…

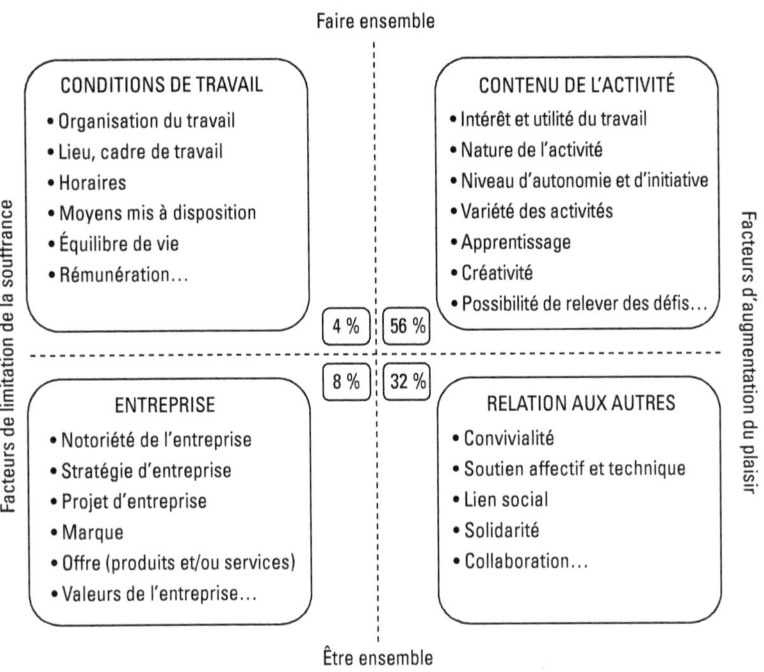

Figure 1. Les quatre sources de plaisir au travail

L'analyse des résultats amène à plusieurs prises de conscience :

- il importe de différencier les facteurs qui limitent la souffrance (conditions de travail, entreprise) de ceux qui augmentent le plaisir (contenu de l'activité, collaboration) ;
- les facteurs relatifs aux conditions de travail (salaire, cadre de travail…) augmentent la satisfaction (ou réduisent l'insatisfaction) mais sont très rarement cités comme des sources de plaisir ;
- les facteurs relatifs à l'entreprise (stratégie, valeurs…) agissent sur la motivation mais ne semblent pas avoir d'impact direct sur le plaisir tel qu'il a été défini plus haut.

Mais surtout, les déclarations des personnes interrogées permettent de prendre conscience des points suivants :

1. La majorité des accords d'entreprise agissent sur la diminution de la souffrance et non sur le développement du plaisir au travail

Aménagement du temps de travail, droit à la déconnexion, instauration d'une conciergerie, création de postes de psychologues du travail, formations sur la prévention des risques psychosociaux…, la grande majorité des dispositifs qui sont négociés entre partenaires sociaux et employeurs ces dernières années ont pour effet de réduire la souffrance, pas d'augmenter le plaisir. Est-ce volontaire ?

Si certaines entreprises ont décidé, par conviction, de prendre l'initiative d'instaurer des dispositifs visant à améliorer le bien-être de leurs collaborateurs, nombreuses sont celles qui se sont engagées dans la négociation d'accords, soit pour être en conformité avec la réglementation sociale (intégration des risques psychosociaux dans le document unique, droit à la déconnexion, entretien professionnel…), soit en réaction à des revendications syndicales, soit, dans certains cas, pour ne pas altérer leur image ou être montrées du doigt.

Or, les lois et les réglementations ont souvent pour ambition de protéger les salariés contre des risques de souffrance, rarement d'augmenter leur épanouissement. De plus, si l'intention se veut positive, vouloir augmenter le bien-être en agissant sur la réduction de la souffrance peut parfois avoir des effets inverses.

Illustration

En 2011, un responsable Ressources humaines m'a contacté pour me dire : « Nous avons organisé une formation sur la prévention des risques psychosociaux de deux jours.

Le lundi matin, tout allait bien. Le mardi soir, plus du tiers des participants se sont dit qu'ils étaient stressés, certains à la limite du burn-out et d'autres ont même déclaré être harcelés. »

Rien d'étonnant lorsque l'on découvre que le contenu de la formation ne portait que sur la souffrance au travail (stress, burn-out, mal-être, harcèlement…).

Suite à la médiatisation de suicides de salariés sur leur lieu de travail en 2009, les entreprises se sont lancées dans des enquêtes de prévention de risques psychosociaux de manière à identifier les risques et les origines du mal-être, du stress ou de la souffrance au travail de leurs salariés.

Une rapide analyse des questionnaires conçus par certains cabinets de conseil permet de prendre conscience qu'à l'époque, la majorité des questions étaient formulées de manière à déceler les origines de la souffrance au travail. Par exemple : « On me demande d'effectuer une quantité de travail excessive » ou « On me traite injustement dans mon travail.[1] »

Orienter son questionnement en se concentrant sur ce qui induit de la souffrance présente plusieurs inconvénients :

- l'exploration de ce qui fait souffrir ne permet pas d'identifier ce qui fait plaisir ;
- formuler des questions fermées sur la base d'attitudes ou de pratiques managériales génératrices de souffrance met l'entreprise dans une posture de « persécuteur », ce qui est un parti pris regrettable ;
- Concevoir un questionnaire en se concentrant sur ce qui est source de souffrance au travail, sans aborder ce qui pourrait être source de plaisir, peut avoir pour conséquence de provoquer « l'effet de halo[2] » (perception partielle de la réalité) et « l'effet Golem » (prophétie auto-réalisatrice).

Certaines personnes émettent l'hypothèse qu'agir sur l'amélioration des conditions de travail est une étape préalable à la mise en œuvre d'un projet de développement du plaisir au travail.

Ce ne serait certainement pas l'avis de Steve Jobs et Steve Wosniak, qui ont certainement éprouvé beaucoup de plaisir à créer Apple alors qu'ils travaillaient dans leur garage.

2. Le salaire n'est non seulement pas un facteur de plaisir, mais il peut l'altérer

Contrairement à ce que pensent encore certains dirigeants, le plaisir est rarement conditionné à une récompense financière.

1. Extrait du questionnaire sur le stress et les conditions de travail conçu par la société Technologia en 2009 pour France Télécom, accessible par le lien www.lefigaro.fr/assets/pdf/Questionnaire%20FT%20V11.pdf
2. L'effet de halo ou encore effet de contamination, démontré par Solomon Asch en 1946, est un biais cognitif qui affecte la perception des gens de manière à les amener à percevoir une partie de la réalité qui va dans le sens de l'affirmation initiale.

En 1978, les psychologues Mark Lepper et David Greene publient une étude sur le lien entre récompense financière et plaisir.
Ils ont étudié pendant plusieurs jours une classe d'école maternelle et se sont intéressés plus particulièrement à des enfants qui avaient décidé de consacrer leur temps libre au dessin, activité qui est généralement source de plaisir pour les enfants. Ces chercheurs ont divisé le groupe en trois sous-groupes.
Dans le premier sous-groupe, ils leur ont fait miroiter une récompense. Le second sous-groupe était constitué d'enfants qui recevraient une récompense sans qu'on le leur ait dit. Enfin, le troisième sous-groupe était composé d'enfants qui ne recevraient aucune récompense.
Au bout de deux semaines, ces chercheurs sont venus observer les trois sous-groupes. Les enfants qui avaient fait partie des deuxième et troisième sous-groupes montraient un fort entrain à dessiner, contrairement au premier sous-groupe dont les enfants manifestaient moins d'intérêt à cette activité et dessinaient moins longtemps, attendant leur récompense.
Alors que cette activité était au début un jeu, elle est devenue un travail dont l'objectif était centré sur l'obtention de la récompense et non plus le plaisir procuré par le dessin.

Cette expérience démontre qu'en agissant pour obtenir une récompense, l'individu renonce en partie à sa liberté et cherche à se conformer aux critères d'obtention de la récompense. Il semble donc que les systèmes de récompense peuvent compromettre la motivation et, selon les auteurs, ôter à l'activité son côté plaisant.

L'argent semble prendre le pas sur le plaisir, voir même l'altérer. L'intervention d'une récompense extrinsèque peut diminuer ou supprimer la motivation intrinsèque, voire le plaisir à réaliser une activité. L'attention n'est plus portée sur « est-ce que j'aime ou je n'aime pas ce métier » mais sur « est-ce que ma rétribution est juste ou injuste ». Et bien souvent, nous estimons que notre rémunération est injuste, surtout après quelques années, ce qui provoque un désengagement global.

En revanche, selon Daniel H. Pink, journaliste et ancien responsable des discours du vice-président Al Gore de 1995 à 1997, les récompenses peuvent parfois être efficaces, notamment pour les activités dites « mécaniques », à savoir sans grand intérêt ou pénibles. En effet, les gratifications peuvent compenser des tâches ennuyeuses. Dans ce cas, l'indexation de la récompense à la productivité semble ne pas détourner l'attention de la personne. Mais en aucun cas la récompense financière n'est perçue comme une source de plaisir.

3. Les sources de plaisir sont avant tout intrinsèques

Les sources de plaisir professionnel évoquées par les personnes sont avant tout d'ordre intrinsèque (provient du ressenti de l'individu) et non extrinsèque (provoqué par l'environnement).

Puisque le plaisir professionnel est spécifique à chacun, il semble difficile d'imaginer qu'une action ou un dispositif collectif, comme une séance de brainstorming, puisse provoquer du plaisir à tous les salariés. Cette mesure sera source d'épanouissement pour les personnes qui aiment trouver des idées mais n'intéressera certainement pas une personne dont le plaisir est de résoudre les conflits.

C'est pourquoi le développement du plaisir au travail repose sur des méthodes et des outils individuels qui permettent aux personnes d'explorer de nouvelles activités afin de savoir si elles pourraient être sources d'épanouissement, de déclarer ce qu'elles aiment et n'aiment pas faire, puis de les responsabiliser sur la proposition d'actions qui puissent concilier plaisir et performance.

En résumé, la principale source de plaisir au travail est liée aux ressentis provoqués par les missions confiées et la manière de les réaliser. Vient ensuite la relation professionnelle qui s'exprime généralement par la convivialité, l'ambiance, la saine et riche collaboration entre un responsable hiérarchique et ses collaborateurs et entre les collègues.

Comme il existe de nombreux ouvrages sur la collaboration et l'amélioration des conditions de travail, ce livre se concentrera sur un point majeur qui n'a pas encore fait l'objet d'écrits : comment faire en sorte que les missions confiées soient sources de plaisir ?

Le plaisir au travail, une question de choix avant tout

« Choisis un métier que tu aimes et tu ne travailleras pas un seul jour de ta vie », Confucius.

Nous sommes nombreux à adhérer à cette citation de Confucius, mais combien sommes-nous à nous l'être vraiment appropriée ?

Certains croient qu'il est possible d'éprouver du plaisir au travail, d'autres non

Éprouver du plaisir au travail est donc un choix personnel. En tant que parent, vous avez beau motiver votre enfant à faire du vélo, s'il n'a pas décidé d'en faire et, surtout, s'il n'y éprouve aucun plaisir, vous ne pourrez pas le forcer, sauf à entrer dans un rapport de domination, ce qui est loin d'être source d'épanouissement pour l'enfant.

Il en est de même avec le choix professionnel. C'est avant tout une décision qui appartient à la personne.

65 % des Français déclarent avoir choisi leur emploi.
74 % des moins de 30 ans estiment avoir le pouvoir de choisir un emploi contre 61 % des plus de 30 ans.

Si plus de la moitié des Français déclarent avoir choisi leur métier, en est-il de même en ce qui concerne leur évolution professionnelle ? Se considèrent-ils auteurs de leur devenir ou leur avenir dépend-il d'autres facteurs ?

Sondage relatif aux facteurs d'évolution professionnelle[1] **:**
39 % dus à la conjoncture économique ;
38 % à des choix personnels ;
23 % aux politiques ressources humaines des entreprises.

1. Sondage réalisé par l'Institut BVA, 2012.

Une grande majorité des Français estiment que leur évolution professionnelle repose sur des facteurs qui ne dépendent pas d'eux. Sans doute est-ce l'une des raisons pour laquelle on les entend si souvent se plaindre de leur situation professionnelle sans pour autant prendre d'initiative pour la changer. Quel dommage !

Avant d'aider une personne à éprouver plus de plaisir au travail, demandez-lui si elle le souhaite

Admettons que les mentalités changent et que les Français considèrent que leur évolution professionnelle dépend avant tout d'eux et qu'ils ont la possibilité de s'offrir plus de choix, combien rechercheraient vraiment à éprouver du plaisir dans leur travail ?

Cette question, en apparence anodine, soulève généralement un vrai débat qui est plus d'ordre philosophique que managérial. Si vous estimez, en qualité de dirigeant, qu'il est indispensable que tous les salariés éprouvent du plaisir dans leur travail au sein de votre entreprise, je vous souhaite bien du courage. Au fond, quel inconvénient y a-t-il à ce qu'une personne ne souhaite pas éprouver du plaisir dans son travail si les termes de son contrat sont respectés ?

81 % des Français considèrent que le bonheur se choisit et qu'il se provoque[1].

Initier un projet d'évolution du plaisir au travail suppose dans un premier temps que les salariés se positionnent sincèrement sur le fait qu'ils veulent ou non que leur travail soit source d'épanouissement personnel. Inutile de s'échiner à vouloir faire en sorte qu'un salarié éprouve du plaisir dans son travail si ce n'est pas son souhait.

Considérer que tout le monde veut éprouver du plaisir dans son travail est une erreur. Dépenser de l'énergie à mettre en place des dispositifs pour que les personnes éprouvent du plaisir dans leur travail alors qu'elles ne le souhaitent pas est une perte de temps.

Concentrez-vous sur les personnes qui sont en demande et laissez celles qui ne le sont pas.

1. Sondage IFOP pour Coca-Cola, mai 2015.

Les bénéfices du plaisir au travail

Comme cela sera évoqué plus bas, le plaisir au travail n'a jamais été intégré en tant qu'objectif dans les différents modèles de management. Alors pourquoi s'en préoccuper maintenant ?

Améliorer la performance

En 2017, 80 % des entreprises du CAC 40 se disaient intéressées à investir sur le développement du bien-être au travail de leurs salariés considérant qu'une personne épanouie est plus performante.

Le très influent *Corporate Wellness Magazine* estime que chaque dollar investi dans le bien-être des salariés rapporte quatre dollars à la société grâce à une meilleure productivité, un taux d'absentéisme réduit, une diminution des problèmes de santé et une meilleure ambiance.

Selon un sondage IFOP-*Pèlerin* d'avril 2016, la « passion et l'intérêt pour le métier » est ce qui rend le plus heureux dans le travail, et une étude menée par l'université de Warwick en 2014 conclue qu'un salarié épanoui est plus productif de 12 %.

Il semble donc communément admis qu'une personne épanouie dans son travail est plus productive, mais les bénéfices du développement du plaisir au travail ne s'arrêtent pas là.

Mieux gérer la complexité et l'incertitude

Le plaisir au travail peut être un facteur déterminant de succès en fonction des types d'activités exercées.

Les spécialistes de l'apprentissage classent souvent les activités scolaires et professionnelles en deux catégories : les activités « algorithmiques » et les activités « heuristiques ».

Une activité algorithmique consiste à suivre un mode opératoire (comparable à un algorithme) de manière à obtenir un résultat prédéfini. Il suffit de suivre les instructions et de le faire correctement pour obtenir le résultat escompté.

À contrario, les activités heuristiques ne peuvent être préalablement définies. Il existe plusieurs manières de réaliser ces activités pour atteindre un résultat.

Par exemple, le métier de caissier comprend des activités algorithmiques, alors que celui de conseiller en communication d'une personnalité politique, compte tenu de la complexité et de la variété des situations, est un métier composé d'activités heuristiques.

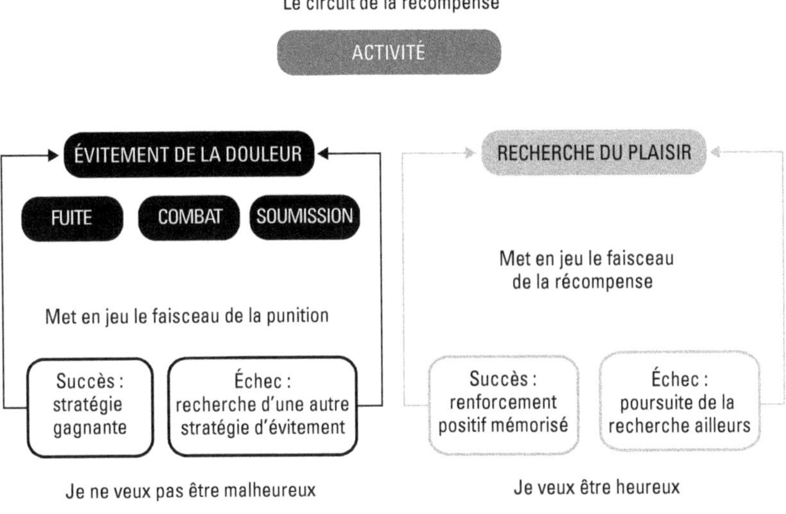

Figure 2. Illustration du circuit de la récompense

Le circuit de la récompense illustré en neurosciences met en avant qu'une personne qui se voit confier une activité qui lui procure du plaisir restera engagée et motivée en cas d'imprévu ou d'échec, ce qui ne sera pas le cas d'une personne qui exerce une activité qui ne lui procure aucun plaisir. En général, dans ce dernier cas, elle cessera son activité et sollicitera sa hiérarchie pour résoudre la difficulté ou éprouvera de la souffrance dans la recherche de solutions.

Si le plaisir n'est pas forcément nécessaire pour le traitement des activités algorithmiques, il devient déterminant pour le traitement des activités heuristiques, compte tenu de la diversité des solutions possibles et de la méconnaissance des résultats des solutions choisies.

Aux États-Unis, les activités algorithmiques représenteraient environ 30 % des emplois, contre 70 % pour les activités heuristiques[1].

Selon certains analystes, beaucoup d'activités algorithmiques confiées à des individus seront progressivement délocalisées ou automatisées et les nouveaux métiers seront composés principalement d'activités heuristiques. D'où la nécessité d'intégrer la notion de plaisir au travail dans les nouveaux modes de management.

Développer l'employabilité et faciliter les reconversions professionnelles

D'un côté, des entreprises qui ne sont plus en mesure de garantir un emploi à vie, de l'autre, des salariés qui ne craignent plus de quitter un emploi lorsqu'il ne leur plaît plus. Comment permettre à des personnes de rebondir ou de se réorienter professionnellement lorsque leur situation ne leur convient plus ?

Selon un sondage Odoxa réalisé pour Open Classrooms en juin 2017, connaître plusieurs vies professionnelles est positif pour une majorité des Français. Mais combien sont-ils à le vivre ?

79 % des Français sont ouverts à une nouvelle possibilité d'emploi[1].
24 % des Français ne quittent par leur job parce qu'ils n'ont pas d'autre possibilité d'emploi.
67 % des Français estiment qu'une reconversion professionnelle est difficile[2].

La particularité de notre pays en matière d'employabilité est que notre « futur est conditionné par notre passé ». Dit autrement, notre système actuel permet rarement à une personne de se reconvertir dans un nouveau

1. Étude réalisée en 2005 par le cabinet de conseil McKinsey & Co mentionnée dans l'article « The next Revolution in interaction ».
2. Sondage Patrimoine RH, juin 2015.
3. Sondage Odoxa pour Open Classroom, juin 2017.

métier si elle n'a pas l'expérience et/ou les compétences requises. Et pourtant, il existe de nombreux métiers pour lesquels les compétences peuvent être rapidement apprises pour peu que la personne soit dans sa zone de plaisir et ce, à tout âge.

Intégrer les plaisirs que procure un emploi peut ouvrir de nouvelles perspectives en matière d'employabilité, renforcer l'attractivité et susciter l'envie de postuler, ce qui n'est pas forcément le cas lorsque l'on se contente de présenter un emploi uniquement par des activités et des compétences.

Par ailleurs, s'assurer qu'un nouveau métier sera source de plaisir permet d'investir plus sereinement sur l'acquisition de nouvelles compétences car la probabilité qu'une personne soit épanouie dans son nouvel emploi est plus forte.

Bien sûr, cette approche ne concerne pas les métiers qui nécessitent de hauts niveaux d'expertise technique, mais puisqu'environ 63 % des emplois requièrent un diplôme inférieur au bac[1], il est tout à fait possible d'imaginer de permettre à des personnes de changer de métier si nos institutions et nos entreprises changent leur regard sur les conditions d'accès à un emploi.

Mieux composer avec les nouvelles formes de collaborations « a-hiérarchiques » et non salariées

Si le salariat sous sa forme traditionnelle résiste encore[2], de nouveaux modes de collaboration apparaissent depuis quelques années en réponse aux besoins de liberté et d'autonomie :

- certaines entreprises décident de supprimer la hiérarchie et de miser sur des fonctionnements en équipes autonomes (entreprise libérée, sociocratie, holacratie) ;
- de plus en plus de personnes privilégient le statut d'auto-entrepreneur[3] à celui de salarié, parfois en exerçant les mêmes missions pour les mêmes employeurs mais sans lien de subordination ;
- de nouvelles entreprises adoptent le fonctionnement de l'open source de manière à bénéficier des contributions de bénévoles, comme

1. « La fin du salariat est-elle inéluctable ? », *Challenges*, 15 mars 2016.
2. Le salariat représente 80 % de la population active en 2015. Source : article *Ouest France* du 6 janvier 2017.
3. Plus d'1,5 million d'entreprises ont été créées sous le statut d'auto-entrepreneur entre 2009 et 2013 (contre 1,2 million hors auto-entrepreneurs, selon les données brutes de l'Insee).

Wikipedia ou la société Red Hat[1], numéro 1 mondial de l'édition open source, qui bénéficie du concours de 2 000 bénévoles en plus de ses 5 000 salariés.

47 % des Français considèrent que les entreprises embaucheront dans l'avenir exclusivement des travailleurs non salariés, au cas par cas. 38 % des sondés pensent que les fonctions de responsable hiérarchique disparaitront[2].

Ces nouvelles formes de collaboration « a-hiérarchiques » nécessitent que les personnes soient fortement autonomes et engagées puisqu'il n'y a plus personne en charge de les encadrer et de les motiver.

Or, comme cela sera évoqué ultérieurement, l'engagement et l'autonomie reposent en grande partie sur le plaisir qu'éprouve une personne à réaliser ses missions.

Éviter les risques de dépression et d'altération de l'estime de soi

Plus de 10 000 cas d'affections psychiques ont été reconnus comme accident du travail en 2016[3]. Si l'accent a été mis ces dernières années sur le risque de burn-out, caractérisé par un épuisement aussi bien physique que mental, dû à un surmenage et à une accumulation de stress, d'autres risques de souffrance au travail émergent, tels que :

- le « bore-out », caractérisé par un état de déprime et une baisse de l'estime de soi provoqué par une insuffisance de sollicitations professionnelles. Le salarié éprouve alors un ennui profond qui crée des doutes sur sa valeur[4] ;
- le « brown-out », aussi caractérisé par un état de déprime dont l'origine est due à une forte lassitude dans le traitement des activités confiées,

1. Plus de 75 % des modifications apportées à la dernière version de Linux ont été réalisées par des codeurs salariés d'autres entreprises que Red Hat. « Red Hat ou l'art de manager des rebelles », *Capital*, 24 octobre 2012.
2. Sondage Odoxa pour Open Classroom, juin 2017.
3. Source : étude Assurance maladie de janvier 2018 sur les affections psychiques liées au travail.
4. Christian Bourion et Martin J. Shipley, « Le bore-out syndrom », *Revue internationale de psychologie*, 2011.

ou à un sentiment de perte de sens du fait d'une sollicitation sur des tâches inintéressantes[1].

Selon une étude anglaise, les salariés qui s'ennuient au travail présentent un risque deux à trois plus élevé d'accidents cardiovasculaires que ceux dont l'emploi est stimulant[2]. Les outils de management du plaisir au travail que vous découvrirez au sein du chapitre 4 permettent de réduire ces nouveaux risques pour peu que les entreprises acceptent de reconsidérer la répartition des rôles et des responsabilités.

La place du plaisir dans l'histoire du management

Concilier plaisirs individuels et performance professionnelle suppose d'adopter un nouvel état d'esprit, de redéfinir certains fondements de la collaboration. Aussi est-il important, avant d'envisager de se lancer dans une telle transformation culturelle, d'identifier le niveau de maturité de l'entreprise à s'approprier cette nouvelle approche, au regard notamment de sa culture managériale actuelle dominante.

On identifie aujourd'hui six styles de management[3]. Compte tenu de la rupture qu'engendre l'intégration des plaisirs individuel dans les modes de fonctionnement individuels et collectifs, il paraît opportun, pour chacun des styles de management, d'identifier son rapport « naturel » au plaisir afin de mieux cerner la manière dont sera perçu ce nouveau mode de collaboration, ainsi que les actions à mettre en œuvre pour faciliter son appropriation.

Les six cultures managériales connues à ce jour
Style 1 : Culture paternaliste, fondée sur le confort
Style 2 : Culture directive, fondée sur le pouvoir
Style 3 : Culture bureaucratique, fondée sur l'ordre
Style 4 : Culture leadership, fondée sur la réussite « matérielle »
Style 5 : Culture collaborative, fondée sur le bien-être
Style 6 : Culture coresponsable, fondée sur la liberté

1. François Baumann, « Le brown-out : quand le travail ne fait plus aucun sens », Éditions Josette Lyon, 2018.
2. Étude intitulée « Bored to death » réalisée en 2010 par deux chercheurs, Britton et Shipley.
3. Classification inspirée de la « spirale dynamique » issue des travaux du professeur W. Graves.

Style 1 : Culture paternaliste, fondée sur le confort

À la fin du XIXe siècle, le secteur économique est essentiellement rural et artisanal, constitué de petites affaires familiales transmises pour la plupart de génération en génération (une entreprise sur cent avait un effectif supérieur à cinquante salariés).

La première forme de management, connue sous le terme « paternalisme », invite le patron[1] à exercer son autorité et son influence en se comportant comme un père vis-à-vis de ses salariés, qu'il considère comme ses enfants.

Le lien qui unit un patron à ses salariés va bien au-delà de la simple relation professionnelle. Il doit non seulement s'assurer que ses salariés font du bon travail, mais aussi les protéger, les soutenir, prendre soin d'eux. Certains patrons, comme Henri Schneider (1868-1942), industriel français dirigeant des usines du Creusot, sont même allés jusqu'à bâtir des infrastructures collectives autour du lieu de travail (logements, écoles, maternités...), pour apporter du confort mais aussi renforcer l'appartenance et encourager la « fraternité ».

Les études étant réservées aux classes sociales les plus aisées, les salariés apprenaient leur métier une fois embauchés, en appliquant les enseignements des anciens. On pourrait croire que la culture paternaliste est propre aux petites et moyennes entreprises mais ce n'est pas tout à fait le cas. De grandes entreprises sont encore marquées par ce style de management, comme Michelin.

Si le patron se montre attentionné et se préoccupe du confort de ses salariés (bonheur), cela ne signifie pas pour autant que les plaisirs individuels des salariés sont évoqués et considérés. Non pas que ce soit volontaire mais simplement parce que la relation professionnelle est fondée sur un principe de reproduction et d'application des opérations enseignées par les « sachant ».
Bien évidemment, si la distinction entre les notions de bien-être et de plaisir n'avait pas été posée, nous aurions pu légitimement penser que le style de management paternaliste intégrait dans son esprit la valorisation des plaisirs individuels. Mais ce n'est pas le cas.

1. Le mot « patron » vient du latin *patronus* qui signifie « protecteur ».

Style 2 : Culture directive, fondée sur le pouvoir

Les deux guerres mondiales et la crise économique de 1929 vont ébranler la douceur de vivre qui régnait jusqu'alors. Les nouveaux secteurs économiques (industrie automobile, chimie, électricité), qui représentent 37 % des actifs en 1950[1], vont attirer les agriculteurs et les ouvriers des branches anciennes qui vont découvrir un mode hiérarchique plus autoritaire et un travail moins intéressant, le « travail à la chaîne ».

Jusqu'alors de petite taille, les entreprises vont se développer sous l'influence de changements majeurs tels que l'invention de nouvelles machines, l'exploitation des nouvelles énergies (électricité, pétrole) et surtout l'adoption d'une nouvelle méthode de travail : l'organisation scientifique, proposée par Frédéric Winslow Taylor (1856-1915).

La priorité des dirigeants devient la productivité, qui s'obtient principalement par la séparation des pouvoirs, l'obéissance à l'autorité hiérarchique et le respect absolu des instructions, sous peine de sanctions. « On ne vous demande pas de penser, il y a ici d'autres gens qui sont payés pour cela ». Cette phrase, dite par F.-W. Taylor à Michael Shartle, un de ses ouvriers, résume à elle seule la nature des relations hiérarchiques.

La dureté et la pénibilité de ces nouvelles conditions de travail vont créer une fracture entre patronat et ouvriers qui, pour se défendre, vont rejoindre en masse les organisations syndicales de salariés. Le taux de syndicalisation augmente fortement pour atteindre environ 29 % en 1945[2] et les contestations se radicalisent sous l'influence de la Confédération générale du travail (CGT). La tendance n'étant plus à l'échange ni à la collaboration, les désaccords vont généralement déboucher sur des conflits ouverts.

Pour obtenir le meilleur de chacun, et bien conscient de l'aliénation du travail proposé, les entreprises indexent le salaire sur le rendement. Considérant que les ouvriers sont par nature feignants et qu'on ne peut pas leur faire confiance, celles-ci se dotent d'une nouvelle strate hiérarchique, les chefs[3], dont les missions principales consistent à commander les opérations, surveiller, inciter à l'augmentation de la production, rappeler les règles et faire respecter la discipline, à l'identique du modèle hiérarchique militaire.

1. Source : BIT-OCDE, statistiques de la population active.
2. Source : Dares.
3. « Chef », du latin *caput*, sigifie « tête ». Désigne une personne qui est à la tête, qui commande.

L'être humain est à présent considéré comme un moyen de production. La notion de bien-être ou de plaisir est totalement absente des fondements du management directif.

Les revendications en termes d'épanouissement professionnel sont traitées de manière très simple : « Si cela ne te convient pas, la porte est grande ouverte ! ».

Style 3 : Culture bureaucratique, fondée sur l'ordre

Au sortir de la Seconde Guerre mondiale, le général de Gaulle fonde la Ve République de manière à renforcer l'autorité de l'État en vue de reconstruire la France. L'instauration de cet « État-providence » demande cependant une contrepartie aux Français : se conformer aux règles de vie collective.

Pour accompagner l'essor du secteur tertiaire, les entreprises vont s'inspirer des réflexions d'Henri Fayol (1841-1925) et des travaux de Max Weber (1864-1920), celui-ci considèrant la pensée bureaucratique comme le mode d'administration idéal. Selon lui, pour qu'une entreprise puisse être bien administrée, elle doit respecter quatre principes fondamentaux :

- séparer actions et décisions, qui doivent être prises par ceux qui savent, à savoir les dirigeants ;
- l'ordre et le contrôle : le bon fonctionnement d'une entreprise repose sur un système bien ordonné dans lequel s'exerce un contrôle des grades inférieurs par les supérieurs ;
- la garantie de l'efficacité repose sur la supériorité de la règle sur les relations ;
- séparer les intérêts privés et publics : le collectif est plus important que l'individuel.

Toute forme d'individualisme est rejetée, les droits et les devoirs des salariés sont mentionnés au sein d'accords négociés dont les modalités d'application s'appliquent à tous de manière à préserver l'équité et la justice.

La qualité s'obtient par un contrôle minutieux du niveau de conformité, responsabilité confiée à l'encadrement hiérarchique qui passe de « chef » à « manager[1] ». Les organisations se déclinent en organigrammes détaillés.

1. Mot dont l'origine est soit « *mesnager* » (l'art de gérer les affaires du ménage), soit « *maneggiare* » (tenir en main les rênes d'un cheval).

Les équipes sont encadrées par des procédures et des instructions, les activités sont décrites avec précision et soutenues par des formulaires pour en garantir la conformité et obtenir des labels, gages de fiabilité.

Si ce mode de management se veut plus éthique et moral que le management directif, c'est à la condition exclusive que chacun respecte les règles édictées par la hiérarchie. La notion d'expression et de satisfaction des sources de plaisirs individuels est totalement absente du modèle, la primauté étant accordée à l'intérêt collectif.
Ce modèle de management est aligné sur la hiérarchisation des besoins évoquée dans la pyramide de Maslow : le besoin prioritaire à satisfaire est l'appartenance à un groupe, et la reconnaissance par le groupe suppose de respecter ses règles, le besoin d'épanouissement personnel étant satisfait en dernier. Cela expliquerait sans doute la raison pour laquelle la satisfaction des plaisirs n'est pas prioritaire, tant du point de vue de l'entreprise que de celui des salariés.
Par ailleurs, l'évolution professionnelle ne se fait pas en fonction de ses désirs et de ses plaisirs mais selon l'ancienneté et les notations de la hiérarchie. Si les entreprises négocient avec les organisations représentatives du personnel des dispositifs d'amélioration des conditions de travail, l'amélioration du bonheur au travail n'est pas un sujet. Celui du développement du plaisir encore moins.

Style 4 : Culture leadership, fondée sur la réussite « matérielle »

« La France n'a pas de pétrole, mais elle a des idées. » La fin des Trente Glorieuses ne permet plus à l'État-providence de jouer pleinement son rôle. Face au ralentissement de la croissance[1] et à l'augmentation de l'inflation[2] et du chômage[3], les gouvernements s'engagent dans une politique néolibérale dans les années 1980.

Dans un monde devenu instable et désordonné ou ni l'État, ni les élus, ni les organisations syndicales ne sont en mesure d'apporter de la stabilité, l'individualisme prend le pas sur l'intérêt général.

1. Le taux de croissance passe de 5,65 % en 1960 à 2,3 % entre 1990. Source : Insee.
2. Le taux d'inflation passe de + 5 % en 1967 à + 12 % en 1982. Source : Insee.
3. Le taux de chômage passe de 1 % en 1960 à 10 % en 1993. Source : Insee.

Le développement de la mondialisation des échanges dans les années 1990 va contraindre les entreprises à doper leur compétitivité. Pour ce faire, elles vont progressivement s'émanciper du management bureaucratique devenu trop rigide et trop contraignant. La culture bureaucratique, adepte de la pensée unique, axée sur le principe « bien/mal », laisse la place au management stratégique, axé sur le principe «winner/loser».

À présent largement influencées par le modèle de réussite américain, les entreprises se lancent dans une quête d'augmentation des profits en agissant sur un meilleur positionnement sur leurs marchés, une optimisation des processus et une plus forte rentabilité des ressources humaines et matérielles.

Elles exhortent leurs collaborateurs à se dépasser, à donner le meilleur d'eux-mêmes et instaurent des systèmes de récompenses individuelles (primes, intéressements, *stock options*...). Réussite, succès, victoires deviennent les mots-clés. L'heure n'est plus à la productivité (de masse), ni à la conformité (la règle pour la règle) mais à la quête de performance.

Tous ces changements entraînent une évolution du rôle du manager. Il doit à présent se comporter en leader, se montrer enthousiaste, innovant, conquérant, convaincre chacun d'adhérer aux projets de l'entreprise, motiver chaque collaborateur, récompenser les meilleurs.

Pour l'aider, les entreprises adoptent de nouvelles méthodes de management comme la « direction par objectif[1] », les référentiels compétences, la rémunération variable. L'homme étant considéré comme une ressource « onéreuse », il doit être source de profits.

Pour développer la performance des salariés, les entreprises forment leurs managers aux techniques de motivation : donner du sens, convaincre, faire adhérer. Donner envie, certes, mais d'atteindre les objectifs assignés par l'entreprise et en aucun cas ceux qui pourraient être proposés par les salariés.
Si l'entreprise laisse une certaine initiative aux salariés sur la manière d'améliorer la performance, elle n'est pas vraiment à l'écoute d'idées qui ne seraient pas reliées à la stratégie définie par la direction.

1. La « direction par objectifs » est un concept de Peter Ferdinand Drucker (1909-2005).

On ne peut donc pas parler de plaisir au travail, mais de motivation. Qu'un salarié prenne plaisir à exercer son activité et à atteindre ses objectifs est une bonne chose mais ce n'est pas le but visé par ce style de management. Son but ultime est le profit, et les salariés doivent avant tout contribuer à concrétiser l'ambition définie par les dirigeants.

Style 5 : Culture collaborative, fondée sur le bien-être

Au début du XXIe siècle, la succession de crises économiques (bulle Internet de 2002, subprimes de 2008...), la stagnation du chômage, la pression qu'imposent les entreprises sur les salariés, révélée par la médiatisation d'actes suicidaires sur les lieux de travail, génèrent chez les Français une profonde méfiance envers un système qui ne prend plus soin d'eux, voire les met potentiellement en danger. L'heure est à l'indignation[1].

Tous les systèmes sociaux précédents ont conféré à une minorité des pouvoirs sur la majorité mais ce fonctionnement va progressivement être malmené. Les ruptures entre les citoyens et les institutions politiques, étatiques, patronales et syndicales[2] vont inciter les Français à se regrouper en associations[3] et en communautés au sein desquelles ils retrouvent le soutien psychologique et physique qu'ils ont perdu.

La priorité n'est plus la réussite sociale et professionnelle mais l'accès au bonheur immédiat, l'obtention d'un meilleur équilibre entre vie privée et vie professionnelle[4], l'acceptation et l'expression des émotions, l'authenticité dans les relations, la bienveillance mutuelle.

L'entreprise n'est plus considérée comme un simple organe de production de richesses financières. Elle devient citoyenne et responsable et doit

1. Initié en mai 2011 en Espagne, le mouvement des Indignés marque le désaveu des citoyens envers la classe politique, dénonce la corruption et l'augmentation de la précarité suite à la crise financière de 2008.
2. Le taux d'abstention augmente de 37 % en 1979 à 56,5 % en 2014 pour les élections européennes ; de 22,8 % en 1958 à 42,8 % en 2012 pour les élections législatives ; de 25,2 % en 1986 à 49,5 % en 2010 pour les élections régionales ; de 26,1 % en 1959 à 38,7 % en 2014 pour les élections municipales ; de 37 % en 1979 à 74,5 % en 2008 pour les élections prud'homales et le taux de syndicalisation des salariés passe d'environ 30 % en 1945 à 7 % depuis les années 1990.
3. On estime à 1 300 000 le nombre d'associations en France qui comprennent 16 millions de bénévoles actifs (sources : CNRS).
4. L'augmentation de l'espérance de vie (de 45 ans en 1900 à 83 ans en 2013), cumulée à la réduction du temps de travail (de 70 heures par semaine en 1900 à 35 heures à partir de 2002) augmente le temps consacré aux loisirs (de 100 000 heures en 1900 à 400 000 heures à partir de 2002).

aussi œuvrer pour le bien de l'humanité. À présent humaniste[1], sociale, démocratique, l'entreprise se reconstruit autour d'un système de valeurs partagées qui privilégie « l'esprit collaboratif ». Les salariés ne sont plus considérés comme des « ressources » mais comme une « intelligence collective », des « forces vives ».

La revendication du bien-être s'immisce dans l'entreprise qui sollicite à présent l'avis des salariés sur leurs conditions de travail et s'engage dans des dispositifs d'amélioration de la qualité de vie au travail (aménagement des horaires, embellissement des locaux, construction de salles de sport, instauration de conciergeries, de crèches...).

L'heure est à la collaboration et à la coopération, non seulement entre les dirigeants et les salariés (chez Leroy Merlin, la vision de l'entreprise est coconstruite entre les 22 000 salariés), mais aussi entre les entreprises et leurs clients (depuis 2003, IBM organise des journées de réflexion où sont conviés ses collaborateurs mais aussi ses clients).

Cette nouvelle culture managériale, centrée sur la collaboration, marque une rupture sans précédent des modes de management. Pour la première fois de l'histoire, le responsable hiérarchique n'est pas « au-dessus » de ses collaborateurs mais « avec » eux.

La satisfaction des salariés devient tout aussi essentielle que celle des clients (principe de symétrie des attentions) et est fréquemment mesurée par le biais de sondages.

Des communautés sont instituées, notamment *via* des réseaux sociaux internes dont les objectifs sont, d'une part, de renforcer les liens entre salariés, et d'autre part, de « grandir ensemble ».

Les managers, devenus à présent des coachs, sont formés au développement de leur « coefficient émotionnel et relationnel », encouragés à libérer l'expression et composer avec la diversité de leurs équipes. Les décisions sont soumises aux avis des salariés dont le niveau d'autonomie est renforcé.

Ce nouveau style de management intègre incontestablement le développement du bien-être et de la qualité de vie au travail. Des fonctions

1. Par « humaniste », nous entendons « primauté de l'humain » et considérons que la performance organisationnelle et économique est corrélée à l'épanouissement professionnel. Il ne s'agit pas d'un courant philanthropique mais bel et bien d'un système de pensée qui place l'homme, première ressource de l'entreprise, au centre de son organisation.

réapparaissent comme le psychologue du travail, d'autres se créent telles que « responsable du bonheur » (chief hapiness).
Si toutes ces évolutions développent, renforcent ou consolident le bien-être au travail, elles ne sont pas conçues pour valoriser le plaisir au travail individuel, dans le sens où cela a été défini plus haut.
Si l'on dissocie la notion de bonheur et de plaisir, alors il apparaît que ce style de management, contrairement à ce que l'on pourrait imaginer, ne prend pas en compte la notion de plaisir au travail.

Style 6 : Culture coresponsable, fondée sur la liberté

Le monde est devenu trop complexe et croire qu'il existe une recette du bonheur universel relève à présent de l'utopie. Chacun est responsable de son propre bonheur, qui s'obtient de manière différente selon les personnes[1].

Les Français rejettent la pensée unique et réclament plus de liberté, plus d'autonomie pour être en capacité de devenir auteurs de leur bonheur qu'ils obtiennent dans différents domaines de leur vie (le PACS, le statut d'auto-entrepreneur…).

La complexité de l'environnement, l'imprévisibilité et l'accélération des changements amènent les entreprises à rechercher plus d'innovation, d'agilité et de flexibilité. Les offres disruptives apportées par l'ubérisation cassent les codes et l'ordre établi.

Si les bienfaits du management collaboratif sont incontestables du point de vue de l'amélioration du bien-être et de la valorisation de l'intelligence collective, les lenteurs dans les prises de décision, la recherche de consensus et l'excès d'attention apportée à la qualité de vie au travail vont, d'une certaine manière, freiner la souplesse et l'audace dont les entreprises ont besoin pour garantir leur pérennité.

La rapidité dont les entreprises doivent faire preuve les amène à reconsidérer de manière radicale leurs modes de fonctionnement et de management. Elles découvrent de nouvelles philosophies de collaboration, comme l'entreprise libérée, de nouveaux modèles de management,

1. Selon Michel Fize, sociologue, « chacun est désormais tenu de faire ses propres choix, de construire sa vie », extrait du communiqué de presse du sondage Ifop sur la relation des Français au bonheur, mai 2015.

comme l'holacratie ou la sociocratie, de nouvelles méthodes de conduite de projet, comme le management agile.

Si ces nouvelles approches sont en apparence différentes, elles reposent pour la plupart sur un principe de coresponsabilité. À ce titre, le pouvoir décisionnel est décentralisé, la division du travail est supprimée au profit de petites équipes autonomes.

L'organisation « cellulaire » favorise la rapidité d'action, les objectifs fixés par la hiérarchie laissent la place à des engagements réciproques négociés entre collègues. Les conditions de travail sont définies par les équipes qui composent avec les contraintes, et non plus entre patronat et organisations syndicales. L'apport des nouvelles technologies permet aussi une plus grande facilité et liberté d'expression, que ce soit en termes de résolution de problèmes ou d'expression d'idées.

Certaines fonctions supports demeurent mais elles doivent à présent se mettre au service des équipes opérationnelles, tout comme le manager qui n'est plus là pour prescrire et contrôler mais pour faciliter le travail des équipes. Dans les années 1970, Robert K. Greenleaf, consultant américain, dénonçait le leadership autoritaire et proposait déjà un leadership plus éthique dont les principaux rôles consisteraient à :

- servir ses équipes et les rendre autonomes ;
- animer ses équipes sur la base de valeurs « humanistes » partagées ;
- agir sur la base d'une conviction personnelle plutôt que sur un désir de statut ou de récompense ;
- mettre l'accent sur le renforcement des forces des gens plutôt que sur leurs faiblesses.

La fonction de management est repensée à l'image d'un chef d'orchestre. Son rôle n'est pas de maîtriser tous les instruments ni d'imposer à chaque musicien la manière de jouer chaque note, mais d'exprimer sa vision et laisser les musiciens s'accorder entre eux parce qu'il leur fait confiance.

La démarche de développement du plaisir au travail prend tout son sens avec ce style de management dont les principes fondateurs sont d'amener les collaborateurs à devenir auteurs et acteurs de leur épanouissement et de leur performance, de miser sur les points forts individuels, d'offrir de l'autonomie et de la liberté dans la manière de gérer les activités, de mobiliser les forces du chacun autour d'une vision commune partagée.

L'encouragement à déclarer ses émotions, ses envies, ses idées est en parfaite adéquation avec le principe d'aimer faire et de management des appétences, tel qu'il va vous être proposé dans le chapitre suivant.

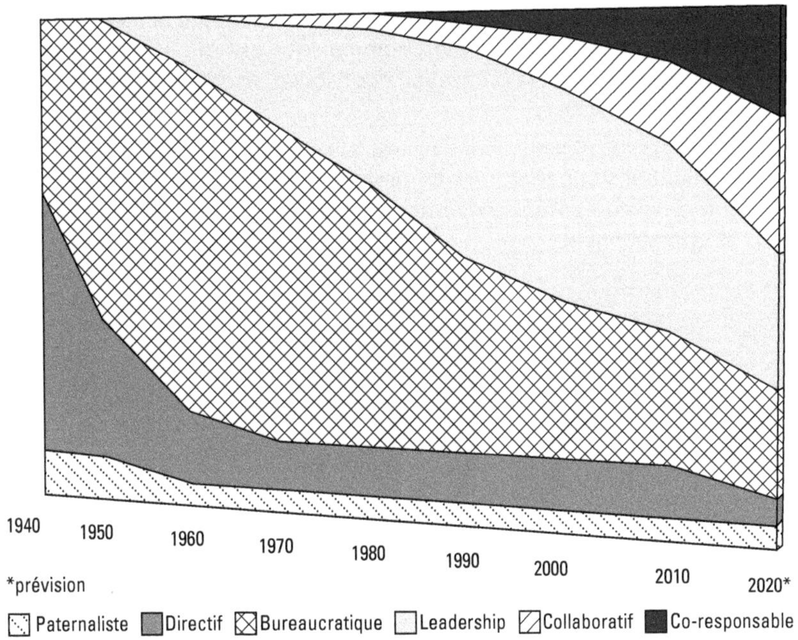

Figure 3. Évolution du poids de chaque culture managériale[1]

Cependant, comme l'illustre la figure ci-dessus, ce n'est pas parce qu'une culture managériale au sein d'une entreprise apparaît, que les autres disparaissent pour autant.

Bien que les deux derniers styles de management soient plus propices à l'intégration du management du plaisir, évaluer le poids et l'importance des autres cultures managériales permet d'identifier le niveau d'acceptation d'un projet de développement du plaisir au travail.

1. Source : étude Dynêsens.

Mais puisqu'on ne manage pas nos équipes aujourd'hui comme on les encadrait il y a 20 ans, il n'y a pas de raison que les entreprises managent leurs équipes dans 20 ans comme elles les managent aujourd'hui. Dans la mesure où la revendication du plaisir est d'ordre sociétal, il semble raisonnable de penser que les entreprises n'auront pas d'autre choix que d'intégrer cette attente dans leurs postures et leurs pratiques managériales, comme elles ont été incitées à le faire en ce qui concerne la prévention des risques psychosociaux et la qualité de vie au travail.

Les chapitres suivants sont destinés aux entreprises et aux managers qui souhaitent s'engager dans un projet de développement du plaisir au travail de leurs collaborateurs et s'inspirer de modèles et d'outils concrets et opérationnels.

Chapitre 3

DU SAVOIR-FAIRE À L'AIMER-FAIRE

L'analyse des nombreuses études et enquêtes faites auprès des salariés ces dernières années permet d'identifier les six principaux leviers d'épanouissement professionnel, à savoir :

- le sens, qui comprend deux dimensions. D'une part, la bonne compréhension et l'adhésion à la vision, au projet d'entreprise, à la contribution de ce qui est demandé au salarié et, d'autre part, l'adéquation avec ses besoins personnels (sécurité, utilité, appartenance, salaire...) ;
- l'identité, à savoir l'adéquation entre la culture, les valeurs de l'entreprise et celles des salariés (confiance, éthique, audace, solidarité...) ;
- la qualité du cadre et des conditions de travail (locaux, matériel, équilibre vie privée/vie professionnelle...) ;
- la qualité de la collaboration comme l'ambiance, la convivialité, le soutien mutuel... ;
- la mobilisation et l'acquisition des compétences, ainsi que le niveau d'autonomie et de liberté accordé dans la manière de traiter ses missions et activités ;
- les appétences, qui représentent les plaisirs ressentis par les activités traitées.

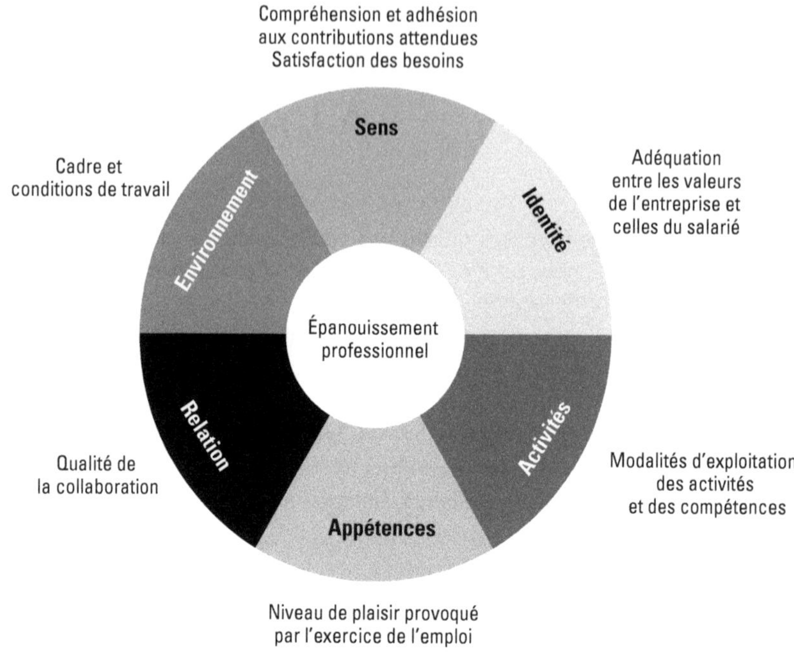

Figure 4. Les six leviers de l'épanouissement professionnel

Si les cinq premiers leviers d'épanouissement professionnel ont déjà fait l'objet de nombreux écrits, la notion d'appétence, à savoir le plaisir procuré par le traitement des activités confiées, n'a pour le moment pas été abordée alors qu'elle représente la première source de plaisir au travail.

L'appétence, de quoi parle-t-on ?

Puisque la plus importante des sources de plaisir au travail est incontestablement le niveau de plaisir procuré par le contenu de l'emploi, il semble légitime de s'interroger sur le niveau de connaissances qu'ont les managers des plaisirs ressentis par leurs collaborateurs en ce qui concerne les activités qui leurs sont confiées.

Cette question a été posée à des centaines de managers durant des séminaires et des formations. Environ 80 % d'entre eux avouent ne pas vraiment avoir connaissance des activités qui procurent du plaisir à chacun de leurs collaborateurs. Ils connaissent ce que leurs collaborateurs savent faire mais cela ne signifie pas pour autant qu'ils soient en mesure d'assurer qu'ils aiment le faire.

Pour les 20 % restants, 15 % répondent qu'ils le savent parce que les personnes sourient, parce qu'elles ne se plaignent pas, parce qu'ils le perçoivent de manière intuitive. Et s'ils se trompaient ? Les 5 % qui restent répondent qu'ils le savent parce qu'ils ont posé la question à chacun de leurs collaborateurs, soit dans le cadre d'entretiens annuels, soit lors d'échanges informels. 5 %, c'est trop peu !

Par ailleurs, il est fréquent d'entendre de la part de certains managers que leurs collaborateurs doivent certainement aimer leur travail car ils le font très bien. Sans doute, mais est-il possible de savoir traiter une activité sans pour autant l'aimer ? Ce n'est pas parce que l'on sait faire que l'on aime faire.

Si les managers disposent de nombreux outils leur permettant d'évaluer le savoir-faire (la compétence), il n'en n'existe aucun qui leur permette d'apprécier l'aimer-faire (l'appétence).

On définit la compétence comme « une capacité à mobiliser des savoirs, savoir-faire, savoir-être pour réaliser une activité, atteindre un objectif ». Il n'y a aucune référence à la notion de plaisir dans cette définition. Et comme il est possible de considérer être compétent sans pour autant éprouver du plaisir, je vous propose d'ajouter à la notion de compétence celle d'appétence.

L'appétence est une aptitude qui répond à quatre critères :
- *elle est innée, naturelle ;*
- *elle est facile à mobiliser ;*
- *elle procure du plaisir ;*
- *elle mène au succès.*

L'appétence ne se substitue pas à la compétence, elle la complète de manière à pouvoir aborder de façon plus tangible le niveau de plaisir ressenti à réaliser une activité et, comme vous le découvrirez dans le chapitre suivant, permet d'ouvrir de nouvelles perspectives en matière de gestion des ressources humaines et de management.

Cette notion étant nouvelle, il est fréquent d'éprouver une difficulté à la différencier de celles que nous connaissons mieux comme la compétence, le talent, le besoin ou encore la valeur.

Afin de différencier cette notion des autres, il est important de toujours garder à l'esprit que le principal critère qui définit une appétence est le plaisir qu'elle procure.

Différence entre appétence, compétence, point fort et talent

Contrairement à la compétence, l'appétence ne s'apprend pas forcément.

Par exemple, il n'existe pas de formation pour l'appétence « débrouillardise », dont le plaisir est de faire preuve d'astuce avec les moyens du bord (comme le faisait MacGyver), ni pour l'« originalité », dont le plaisir est de se différencier de ce qui existe déjà (comme aime à le faire James Dyson).

Or, ces deux appétences, pour lesquelles il n'existe pas à priori de formation, sont particulièrement utiles à valoriser dans un contexte de récession budgétaire où il faut faire plus avec moins tout en se démarquant de ses concurrents.

Il est fréquent que l'on éprouve des difficultés de compréhension des différences entre les points forts, les talents et les appétences. Tels qu'ils sont habituellement décrits, le point fort et le talent sont en quelque sorte des « super compétences ». Ces trois notions font référence au savoir-faire avec un niveau de maîtrise différent.

Une personne peut maîtriser certaines compétences sans pour autant éprouver de plaisir à les mobiliser, contrairement aux appétences.

Illustration

Si l'on considère qu'animer une réunion est une compétence, est-ce une appétence ? De prime abord, ce n'est pas évident de faire la différence car animer une réunion est bien évidemment une compétence qui s'apprend, mais l'animation d'une réunion n'est pas forcément une source de plaisir personnel. C'est pourquoi il convient de se poser la question : « En quoi animer une réunion est source de plaisir pour moi ? ». Ce sont les réponses à cette question qui vont vous amener à trouver les appétences, comme :

- le plaisir à transmettre de la joie et de la bonne humeur, désigné dans notre référentiel sous le terme « optimisme» ;
- le plaisir à créer ou renforcer la cohésion, appétence désignée sous le terme « fédération » ;
- le plaisir à pacifier les relations lorsqu'un groupe manifeste certaines tensions, appétence désignée sous le terme de « médiation » ;
- le plaisir à résoudre des problèmes rencontrés par le groupe, appétence intitulée « résolution ».

Tableau synthétique des différences entre l'approche par les compétences et celle par les appétences

	Approche compétences	Approche appétences
Valorisation	Savoir-faire	Aimer-faire
Environnement	Prévisible	Incertain
Stratégie	Adaptation	Différenciation
Relation	Subordination	Co-responsabilité
Collaboration	Conformité	Autonomisation
Affectation missions	Expérience	Envie
Motivation	Reconnaissance	Plaisir
Style de management	Gestion	Coaching
Mobilisation équipe	Objectifs descendants	Engagements ascedants
Organisation	Procédés	Résultats

Différence entre appétence et motivation

Si la distinction entre appétence et compétence n'est pas toujours évidente, elle est encore plus difficile lorsque l'on essaie de différencier l'appétence de la motivation. Tout simplement parce que ces deux notions exprimient un ressenti positif. Cependant, la motivation et le plaisir ont cela de différent :

- la motivation, telle qu'elle est évoquée dans les différentes théories, est souvent initiée par un facteur extrinsèque. Dans ce cas, c'est l'environnement (une entreprise, une personne, un événement) qui déclenche chez une personne une envie. Lorsqu'il s'agit d'un facteur intrinsèque, il est fréquent de voir évoqué le terme d'auto-motivation, à savoir que la personne se donne envie elle-même ;
- la différence majeure entre l'appétence et la motivation est d'ordre temporelle. La motivation est une envie, un désir qui est ressenti avant d'agir, alors que l'appétence se ressent pendant l'action, lors de la réalisation de l'activité ;
- l'appétence est liée au traitement d'une activité alors que la motivation peut se ressentir à plusieurs titres. Elle peut être liée à l'envie de satisfaire un besoin (de reconnaissance, par exemple), de rejoindre une entreprise dont la culture est en adéquation avec les valeurs d'une personne (comme l'authenticité des relations ou la solidarité) ou encore provoquée par un objectif attractif (comme développer le chiffre d'affaires de 10 %).

Différence entre appétence et besoin

Là aussi la différence est subtile et obéit aux mêmes règles que la différenciation entre l'appétence et la compétence. Tout dépendra du besoin. Il est rare que l'on confonde le besoin de sécurité, de reconnaissance ou d'épanouissement avec une appétence. En revanche, cela devient plus nébuleux lorsque l'on évoque l'autonomie, la responsabilité ou l'utilité.

Illustration

Si l'on prend l'utilité comme exemple, est-ce un besoin ou une appétence ? Je procéderai de la même manière que pour la différenciation avec la compétence en posant la question : « En quoi vouloir être utile est source de plaisir pour moi ? ».

Si la réponse est d'ordre psychologique, comme donner du sens à ma vie ou exister dans le monde, ce n'est pas une appétence mais un besoin. En revanche, si la réponse s'exprime par une émotion comme « faire plaisir aux autres », ce que nous appelons « la serviabilité », on pourra alors considérer qu'il s'agit d'une appétence.

Différence entre appétence et valeur

Il arrive que certaines personnes confondent ces deux notions, or, elles sont vraiment différentes.

La valeur, telle qu'elle est formulée en entreprise, fait souvent référence aux vertus, à la morale et s'exprime par des mots tels que « honnêteté », « authenticité », « courage » ou encore « humilité ».

La distinction est plus aisée entre la valeur et l'appétence, excepté peut-être si la valeur provoque du plaisir, ce qui n'est pas forcément le cas. La valeur morale étant d'ordre éthique, il est peu fréquent qu'un plaisir y soit associé. Par exemple, faire preuve d'humilité n'est pas forcément source de plaisir.

Comment distinguer ces différentes notions ?

Afin d'aider les personnes à intégrer les différences entre toutes ces notions, j'ai pour habitude de leur proposer le tableau suivant :

	Compétence	Besoin	Motivation	Valeur	Appétence
Être utile aux autres		X	X		
Analyser un bilan comptable	X				
Gagner de l'argent		X	X		
Faire preuve d'astuce					X
Faire plus avec moins	X				X
Être loyal				X	
Être persuasif	X				
Relever des défis			X		X
Résoudre un problème	X				X

Comme l'illustre cet exercice, il se peut qu'un terme puisse recouvrir plusieurs notions.

Par exemple, résoudre un problème peut être une compétence, mais aussi une appétence. Une personne peut développer une capacité de résolution sans pour autant en éprouver de plaisir. Il serait alors inutile de lui confier des activités de résolution de problèmes pour développer son plaisir au travail. Mais si la résolution de problèmes est source de plaisir pour la personne, cela pourrait être opportun de l'orienter vers une activité qui lui permettra de valoriser cette appétence.

Comment identifier ses appétences ?

Il y a généralement deux manières d'identifier ce qui nous caractérise ou ce qui est important pour nous. Soit nous menons un travail d'introspection, aidé ou non d'une tierce personne, soit nous nous aidons des perceptions des autres.

Il est assez aisé d'identifier une compétence chez une personne. L'identification peut se faire *via* un dispositif de contrôle des connaissances, par de l'observation en situation réelle ou encore par l'évaluation de ses résultats.

Mais en est-il de même en ce qui concerne l'appétence ? Est-il possible qu'une personne puisse avoir la capacité d'identifier ce qui est une source de plaisir professionnel pour une autre personne ?

Illustration

Cela fait cinq ans que j'invite les participants d'un groupe qui se connaît depuis des années à essayer de trouver les deux à trois principales appétences d'une personne de leur choix.

J'anime cet exercice généralement après que les personnes ont sélectionné leurs cinq principales appétences sur la base d'un référentiel de 30 appétences, comme je vais vous inviter à le faire dans les pages suivantes.

Contre toute attente, les personnes qui énoncent les appétences qu'elles pensent retenues par leurs collègues se trompent 80 % du temps. C'est à ce moment-là qu'elles commencent à prendre conscience de la différence entre la compétence et l'appétence.

Il m'est arrivé d'animer un séminaire auprès d'un comité de direction sur ce sujet. J'ai souvenir que certains collègues d'un directeur financier aient mentionné les appétences de « résolution – le plaisir à résoudre des problèmes », « d'optimisation – le plaisir à améliorer l'existant », de « vision – le plaisir à construire le futur » et de « persévérance – le plaisir à aller jusqu'au bout ».

Mais aucune de ces appétences n'avait été retenue par ce directeur financier. Je l'ai par conséquent invité à évoquer ses trois principales appétences. À la grande surprise de ses collègues, ce dernier leur a déclaré « l'originalité – le plaisir à être différent », « l'esthétisme – le plaisir à mettre en valeur » et la « pédagogie – le plaisir à transmettre son savoir ». Imaginez leur surprise. Aucune de ces trois appétences n'avait un lien direct avec le métier exercé. Ce qui a été assez intéressant fut leurs réactions. Que ce directeur financier ait déclaré la pédagogie, pourquoi pas. Mais quels liens y a-t-il entre le métier de financier et les appétences d'originalité et d'esthétisme ? Même si, en cherchant un peu, on pourrait en trouver, la réponse est évidente : il n'y en a pas ou tout du moins il ne les avait jamais mis en avant.
Il est clair que ce directeur financier était un excellent professionnel, reconnu par ses pairs, mais, s'il était sans aucun doute compétent, son plaisir profond était ailleurs et à priori pas dans l'exercice de cette fonction, ce qui ne l'empêchait bien évidemment pas d'être heureux dans son travail.

Il est très risqué de vouloir évaluer une appétence comme nous avons l'habitude de le faire pour la compétence. L'identification d'une appétence est avant tout un processus déclaratif qui est du seul ressort de la personne, tout simplement parce que cela suppose de se connecter avec ses émotions, ses ressentis personnels. C'est pourquoi, contrairement à la compétence qui s'évalue, l'appétence se déclare.

Le processus de déclaration des appétences suppose que les personnes soient objectives avec elles-mêmes, ce qui peut parfois s'avérer difficile. La sélection se fait sur la base de quatre critères, à savoir :

- le caractère inné ;
- la simplicité ;
- le plaisir ;
- le succès.

Mais l'être humain est faillible et il arrive parfois que les appétences sélectionnées surprennent.

L'expérience démontre qu'il peut se produire certains phénomènes qui peuvent remettre en question la sélection :

- **La personne déclare, en toute sincérité, une appétence dont le dernier critère – « qui mène au succès » – est loin d'être probant pour son entourage.**

Par exemple, une personne déclare une appétence d'esthétisme alors que, du point de vue de son entourage, ce qu'elle a l'habitude de produire est à l'unanimité des avis... disons, très vilain. Le quatrième critère n'est donc à priori pas satisfait. Comment l'expliquer ?

Il peut arriver que ces personnes soient victimes de l'effet Dunning-Kruger[1], à savoir l'effet de sur-confiance qui amène un individu à se surestimer et à considérer qu'il est compétent alors qu'à l'unanimité, il ne l'est pas. Mais encore une fois, comme vous pouvez le remarquer, nous revenons sur la notion de compétence, pas d'appétence, et par expérience, ce phénomène est marginal.

Dans ce cas, pour amener la personne à prendre conscience qu'elle ne satisfait pas le quatrième critère, il suffit de l'inviter à le démontrer de manière objective par des faits concrets et des expériences factuelles.

- **La personne ne déclare pas ses propres appétences mais les appétences qu'elle croit que l'entreprise attend.**

La déclaration est un acte de responsabilisation qui repose sur la confiance et l'honnêteté. Déclarer une « fausse appétence » ne présente aucun intérêt pour la personne et sera même contre-productif.

Chaque concept a ses « petits grains de sable » mais ce serait bien dommage de rejeter celui-ci au motif qu'une minorité de personnes n'aurait pas conscience de leur niveau d'incompétence ou mentirait volontairement ou inconsciemment sur ses appétences.

La démarche et les outils qui vous sont présentés n'ont pas été conçus dans une logique de conformité (culture bureaucratique), ni de récompense (culture leadership) mais pour permettre de mieux concilier performance professionnelle et épanouissement personnel.

Le référentiel des 30 appétences

Au début de mes recherches, j'ai demandé à des personnes de me lister spontanément et intuitivement leurs appétences, après leur avoir présenté la définition. Je les invitais à accéder à des moments de leur vie où elles avaient éprouvé du plaisir dans leur travail et, si elles n'en avaient jamais

1. Phénomène de sur-confiance révélé par David Dunning et Justin Kruger en 1999 dans la revue *Journal of Personnality and Social Psychology.*

éprouvé, à explorer des moments de leur vie privée où elles auraient ressenti du plaisir, notamment lors d'activités de loisirs.

D'une part, lister ses appétences est loin d'être évident (les personnes ont l'habitude de raisonner en termes de compétences) et, d'autre part, je récoltais un doux mélange de compétences, besoins, valeurs, traits de personnalité, mais rarement des appétences. Ce qui se comprend parfaitement car cette notion est encore méconnue.

Outre cette confusion de terminologies, certains évoquaient des mots trop génériques pour être exploitables, comme « relation » ou « gestion », ce qui nécessitait un travail de spécification. C'est pourquoi, pour aider les personnes à explorer, prendre conscience et sélectionner leurs appétences, j'ai été amené à concevoir un référentiel de 30 appétences « universelles ».

Ce référentiel a été élaboré sur la base de déclarations (témoignages de personnes) et d'observations (lecture de nombreux ouvrages, articles, autobiographies et interviews). J'ai donc identifié pendant plus d'un an les plaisirs provoqués par la réalisation des métiers dans de nombreux secteurs d'activités professionnelles et quels que soient les statuts ou le niveau de hiérarchie.

J'en suis arrivé à arrêter une liste de 30 appétences dont vous allez prendre connaissance. Il est bien évident que cette liste est incomplète mais elle constitue en général une bonne base de travail. Je vous invite à la parcourir puis à sélectionner vos cinq appétences.

Pour avoir pratiqué cet exercice des centaines de fois, je sais que certains iront très vite (en général les personnes de nature intuitive et/ou énergiques) et d'autres ressentiront le besoin de prendre le temps (notamment les personnes assez rationnelles et logiques). Peu importe, il n'y a aucune limite de temps pour la sélection car le but n'est absolument pas d'être conforme à un modèle, d'avoir des bonnes réponses ou de se mettre en avant. Le principal objectif est de prendre conscience ou de valider ce que vous aimez. Nous ne sommes pas dans une démarche de conformité mais dans un état d'esprit bienveillant et constructif, par vous, pour vous.

Ces 30 appétences ont été classées en trois familles :

- 10 appétences d'action ;
- 10 appétences de réflexion ;
- 10 appétences d'émotion, de relation.

Voici la liste des 30 appétences et des plaisirs associés :

- Appétences relatives à l'action
  - Engagement, plaisir de passer à l'acte
  - Structuration, plaisir d'organiser et d'ordonner
  - Challenge, plaisir de relever les défis
  - Compétition, plaisir d'être le meilleur
  - Adaptation, plaisir de vivre les changements
  - Persévérance, plaisir d'aller jusqu'au bout
  - Optimisme, plaisir de transmettre de la joie
  - Exploration, plaisir de chercher et trouver les informations
  - Optimisation, plaisir d'améliorer l'existant
  - Intuition, plaisir de pressentir ce qui va arriver
- Appétences relatives à la réflexion
  - Pensée critique, plaisir d'éprouver les affirmations
  - Créativité, plaisir d'imaginer de nouvelles idées
  - Résolution, plaisir de résoudre un problème
  - Débrouillardise, plaisir de faire preuve d'astuce
  - Vision, plaisir de construire le futur
  - Persuasion, plaisir de convaincre les autres
  - Curiosité, plaisir de découvrir de nouvelles choses
  - Stratégie, plaisir de trouver la meilleure direction
  - Conceptualisation, plaisir de concevoir des idées nouvelles
  - Originalité, plaisir d'être différent
- Appétences relatives à la relation et aux émotions
  - Esthétisme, plaisir de mettre en valeur
  - Empathie, plaisir à se mettre à la place de l'autre
  - Médiation, plaisir à pacifier les relations
  - Narration, plaisir à captiver l'attention
  - Fédération, plaisir à créer de la cohésion
  - Personnalisation, plaisir à valoriser les différences
  - Réseau, plaisir à créer et maintenir la relation
  - Leadership, plaisir à rallier les autres
  - Serviabilité, plaisir à faire plaisir aux autres
  - Pédagogie, plaisir à transmettre son savoir

Bien que les plaisirs associés aux intitulés des appétences aient été présentés, c'est en général insuffisant pour sélectionner cinq appétences. C'est pourquoi, pour faciliter le choix, chaque appétence est décrite sous forme de « storytelling », ayant pour but de permettre de mieux accéder aux plaisirs ressentis provoqués par les appétences.

Voici donc les descriptions détaillées de chaque appétence :

Engagement

Plaisir : passer à l'acte, être en mouvement.

C'est plus fort que vous, vous êtes en permanence en mouvement. Si la réflexion est utile et nécessaire, seule l'action peut faire bouger les choses.

« On y va ! » est une de vos phrases clé. Débordant d'énergie, vous ne pouvez rester en place. De nature impatiente, vous évaluez votre progression par le nombre de réalisations produites. Seuls les résultats comptent.

« C'est en forgeant que l'on devient forgeron » est une de vos expressions favorites car, pour vous, c'est en se confrontant à la réalité et en étant sur le terrain que l'on apprend le plus.

Vous avez tendance à privilégier l'action à la réflexion. « Allons-y, on verra bien ce qu'il advient ». Il existe selon vous un quota d'erreurs acceptable. Après tout, « on ne fait pas d'omelette sans casser des œufs ! ».

C'est ainsi que vous impulsez le mouvement, vous avancez, ouvrez les portes sans aucune hésitation pour découvrir ce qu'il y a derrière. Il sera temps, le moment venu, d'aviser et de s'adapter au fur et à mesure de ce que vous allez rencontrer sur votre chemin.

De votre point de vue, on vous jugera avant tout sur vos actes. Vous osez vous aventurer là où d'autres semblent plus frêles et préfèrent prendre le temps de l'analyse et de la réflexion.

C'est le passage à l'acte qui vous stimule et vous plaît avant tout.

Structuration

Plaisir : ordonner et organiser.

Vous avez besoin de savoir où vous allez avant d'agir, avec précision. De nature prudente et rigoureuse, vous aimez clarifier, planifier, organiser, ordonner. Vous aimez ce qui est « carré », clair, net et précis.

À peine vous donne-t-on une mission que vous imaginez déjà comment structurer votre action.

Pour vous, l'engagement dans l'action doit impérativement être précédé d'un dispositif précis qui vous permet de savoir où vous « mettez les pieds ». Vous êtes attaché aux détails. Ils vous permettent de garantir votre réussite et vous évitent les erreurs.

« Dire ce qu'il y a à faire, faire ce qui a été dit » est indispensable. L'improvisation n'est pas votre « tasse de thé ». Le succès est de votre point de vue conditionné par une bonne préparation.

Vous n'aimez pas l'inconnu, les changements de cap imprévus car ils peuvent remettre en cause l'atteinte de vos objectifs. Votre univers doit être sans surprise.

Votre souci du détail fait de vous un excellent planificateur. Rien n'est laissé au hasard. D'ailleurs, vous avez besoin de mesurer votre progression pour vous assurer que vous avancez conformément à vos prévisions et restructurer votre action si nécessaire.

Vous êtes imbattable pour formaliser des règles, structurer un planning, définir des indicateurs, concevoir des outils de pilotage, évaluer le niveau d'avancement et surtout vérifier la conformité des résultats au regard des prévisions.

Challenge

Plaisir : relever les défis.

Ce que vous aimez par-dessus tout : la difficulté ! Et plus précisément, la surmonter.

Alors que d'autres auraient tendance à baisser les bras, vous vous sentez hyper motivé à l'idée de relever un défi, braver une difficulté, réussir là où d'autres ont échoué.

Selon vous, c'est dans la difficulté que se révèle l'homme de caractère, il n'y a rien d'impossible, à condition bien sûr que le but en vaille la peine et qu'il corresponde à vos valeurs, serve vos intérêts ou ceux pour qui vous êtes missionné.

Plus c'est difficile, plus c'est compliqué, plus cela vous amène à vous dépasser, et donc, plus c'est passionnant.

L'adversité ne vous pose aucun problème, ce qui doit être fait le sera, un point c'est tout !

Cela ne veut pas dire que vous faites preuve d'obstination, vous pouvez tout à fait modifier vos plans, vous adapter, à condition toutefois que cela vous permette d'atteindre vos objectifs.

Compétition

Plaisir : être le meilleur.

Vous adorez la compétition. Elle vous permet de vous dépasser pour atteindre votre but.

Vous avez l'âme d'un sportif, ce qui compte par dessus tout c'est de remporter la victoire. Atteindre votre but trop facilement rend votre succès bien fade, voire inintéressant.

Vous avez besoin des autres, de vous mesurer à eux. Ils vous motivent. Vous les observez, apprenez d'eux et c'est en se comparant à eux que vous pouvez évaluer votre niveau de progression et de performance.

Vous appréhendez la compétition comme un jeu. Vous respectez vos adversaires. Ils ne sont en rien des ennemis ou des menaces, juste des concurrents qui, tout comme vous, font partie de ce jeu. Alors, « que le plus fort gagne ! » et vous avez bien l'intention d'être celui qui va remporter la victoire.

Vous aimez les concours, les épreuves, car ils requièrent des gagnants et gagner, il n'y a rien de plus excitant.

Adaptation

Plaisir : vivre des changements.

Adepte du *carpe diem*, vous aimez vivre l'instant présent. Pour vous, le monde est rond et fait d'une multitude de changements sur lesquels vous aimez surfer.

Si vous vous engagez dans une direction, vous ne gaspillez pas votre temps à vouloir tout prévoir, tout planifier, car votre plaisir naît de la découverte de ce que vous allez vivre et de votre capacité d'adaptation aux événements, à faire vos choix au fur et à mesure.

Alors que l'inconnu ou les changements de dernière minute stressent vos collègues, ils ne vous perturbent aucunement, bien au contraire, ils vous semblent naturels, vous vous y attendez.

C'est avec une déconcertante facilité que vous intégrez les imprévus et réaménagez votre emploi du temps au regard des nouvelles priorités. Vous faites preuve d'une très grande souplesse et d'une très forte réactivité.

Ce sont ces changements de cap qui vous donnent le sentiment d'exister car au fond, vous n'aimez pas trop la routine.

Persévérance

Plaisir : aller jusqu'au bout.

« Quand on commence quelque chose, on le termine ! » C'est ainsi que vous concevez et abordez les missions que l'on vous confie.

Vous êtes réputé pour votre pugnacité et votre capacité à faire front et lutter contre vents et marées. D'ailleurs, c'est ce que vous aimez.

Alors que beaucoup baissent les bras ou se résignent devant les difficultés, les obstacles décuplent votre énergie, vous enthousiasment et vous renforcent dans votre détermination car vous êtes convaincu du bien-fondé de votre action.

Vous savez que les changements sont nécessaires et que beaucoup de personnes n'y sont pas favorables. Il faut bien que quelqu'un se charge de faire bouger les choses. Vous en faites partie.

Si pour vous les résistances et les oppositions sont légitimes, elles ne doivent pas entraver votre progression. Vous écoutez les objections, les comprenez mêmes parfois, acceptez de prendre quelques détours mais en aucun cas vous ne vous détournez du but à atteindre.

Optimisme

Plaisir : transmettre de la joie.

Pour vous, le verre est toujours à moitié plein !

Vivant, débordant d'enthousiasme, gai, toujours le sourire aux lèvres, la vie est pour vous une belle aventure qu'il faut saisir à pleines dents.

Vous êtes conscient que tout n'est pas toujours parfait, que la vie est faite de moments difficiles mais vous êtes convaincu qu'après la pluie vient inéluctablement le soleil. Alors pourquoi perdre du temps à se morfondre puisque de toute manière tout finira par s'arranger ?

Certains vous trouvent naïf, insouciant, utopique. Mais au fond, votre optimisme suscite l'envie et vous côtoyer redonne de l'énergie. Votre joie de vivre est contagieuse.

Une certitude : il est agréable et amusant d'être en vie et quels que soient les problèmes, il est fondamental de garder son sens de l'humour et de croire en son destin.

Exploration

Plaisir : trouver les informations.

Ce qui vous éclate, c'est de rechercher et de trouver les informations.

D'ailleurs, c'est davantage le processus d'investigation qui vous stimule. Vous aimez explorer, partir à la recherche de données, théories, statistiques, témoignages, expériences susceptibles d'étayer, d'expliquer, d'argumenter le sujet qui vous est confié.

Vous savez dans quelles directions chercher, vers qui vous tourner pour trouver ce dont vous avez besoin. Vous collectez toute la matière pour étayer, fiabiliser, argumenter ou soutenir un projet, une décision, une option ou une présentation.

Une personne a un projet ou une idée et elle a besoin d'informations ? Elle se tourne inévitablement vers vous car elle sait que vous obtiendrez ce dont elle a besoin pour le formaliser.

Optimisation

Plaisir : améliorer l'existant.

Parce que rien n'est figé et que tout évolue, vous considérez que tout peut être en permanence amélioré. Vous êtes d'ailleurs un partisan de l'amélioration continue.

Satisfait de la solution que vous avez apportée à un instant T, vous ne pouvez vous empêcher de la repenser car vous êtes persuadé qu'il existe une solution encore plus pertinente.

Certains peuvent vous qualifier « d'éternel insatisfait » alors que vous êtes dans une dynamique d'évolution permanente, « toujours plus haut, toujours plus loin ».

Vous évaluez les résultats et êtes à l'affût de toute opportunité d'amélioration. En fait, rien n'est jamais vraiment abouti car tout peut être optimisé et c'est cette dynamique qui vous motive.

Intuition

Plaisir : pressentir ce qui va arriver.

Vous ne savez pas l'expliquer mais vous avez un flair infaillible !

D'ailleurs, il vous a rarement trompé. Un événement survient, imprévu, et il faut faire un choix, vite, très vite même… Et vous le faites, sans aucune hésitation car vous avez confiance en votre intuition.

Vous ne pouvez pas l'expliquer, la solution s'impose à vous naturellement, sans que vous ayez pris le temps de réfléchir, comme une évidence.

Vous avez cette faculté à percevoir et prédire dans les grandes lignes les situations, les choses, les lieux, les personnes, très rapidement.

Votre intuition vous met en garde et vous fait faire les bons choix. Alors vous l'écoutez, sans vraiment chercher à en comprendre le procédé, certain de sa bienveillance à votre égard.

« Ça va le faire/Ça ne va pas le faire », « Je le sens bien/Je ne le sens pas » sont vos expressions.

Pensée critique

Plaisir : éprouver, tester les affirmations.

Comme saint Thomas, vous ne croyez que ce que vous voyez !

« Démontrez ce que vous affirmez, prouvez-moi que vous avez raison, montrez-moi comment cela fonctionne » sont les phrases que vous avez l'habitude de prononcer devant une nouvelle théorie, un nouveau concept, un nouveau produit.

Votre sens aigu de l'analyse et votre talent pour tester, éprouver, remettre en cause une solution sont sans nul doute à la fois redoutables et en même temps rassurants pour ceux qui voudraient valider la véracité et la fiabilité d'une hypothèse ou d'une nouveauté.

Ce n'est pas que vous recherchez la « petite bête » pour le plaisir mais vous aimez que ce que l'on vous soumet soit fiable. Vous adorez mettre à l'épreuve, rechercher des liens avec d'autres éléments, vérifier la justesse et la pertinence de ce que vous avez devant les yeux. Alors vous testez, encore et encore, jusqu'au moment où plus aucun doute n'est permis.

En fait, c'est davantage le processus de mise à l'épreuve qui vous procure du plaisir que le résultat que vous obtenez.

Créativité

Plaisir : inventer, innover.

Ce qui vous stimule par-dessus tout, c'est de créer, d'inventer de nouveaux procédés, produits, manières de penser...

Vous aimez donner naissance à quelque chose de nouveau, développer et donner vie à vos idées, vos visions, vos perceptions, et cela peut se traduire par de nouveaux services, produits, concepts.

Vous abordez un objet ou un sujet sous différents angles, différentes logiques, ce qui vous permet de penser autrement, de découvrir d'autres possibilités, de vous aventurer dans des chemins inconnus, et cela vous stimule.

Créer, c'est imaginer mais c'est aussi concevoir. Que l'idée soit intuitive ou réfléchie, vous l'explorez, vous lui donnez vie, vous l'expérimentez de manière concrète et observez les résultats de sa mise en œuvre. Cela ne fonctionne pas comme vous l'avez imaginé ? Qu'à cela ne tienne, vous êtes persuadé que vous y arriverez, alors vous modifiez quelques paramètres ou composantes pour finalement atteindre votre but.

Résolution

Plaisir : résoudre un problème, réparer.

Vous adorez résoudre les problèmes. Alors que certains se sentent démunis face à un problème à priori insoluble ou un dysfonctionnement, vous êtes transporté à l'idée de mener votre enquête et trouver une solution.

Ce qui vous plaît, en fait, c'est le processus d'investigation. Tel Sherlock Holmes, vous menez votre enquête : à partir des symptômes, vous analysez les causes et recherchez les solutions pour réparer, remettre en ordre, expliquer un phénomène, trouver une solution.

Vous avez d'ailleurs une préférence pour les problèmes complexes et nouveaux car ils stimulent vos capacités d'induction et de déduction : c'est ce mécanisme de raisonnement que vous chérissez.

Quelle merveilleuse sensation que celle de trouver la solution, redonner vie.

Débrouillardise

Plaisir : faire preuve d'astuce.

Vous avez cette habileté qui fait que vous vous tirez toujours d'affaire, quels que soient la situation, l'embarras, la difficulté que vous rencontrez. Pour vous, chaque problème a sa solution et il est possible de se sortir de toutes les situations avec les « moyens du bord ».

Alors que d'autres, faute de moyens requis, s'estiment incapables de résoudre un problème, vous observez et analysez le contexte, les éléments que vous avez à votre disposition et vous composez avec.

Cela n'est peut-être pas parfait mais permet au moins de sortir de l'impasse dans laquelle vous vous trouvez, au grand étonnement de tous.

Vous faites preuve d'astuce, avez appris à identifier les différentes possibilités d'exploitation d'un objet, d'une situation, exploré les résultats de combinaisons de plusieurs éléments entre eux.

Vous aimez expérimenter, tester plusieurs manières d'exploiter une situation. Quel plaisir de résoudre un problème, d'atteindre un résultat de manière anti-conventionnelle !

Pour vous, un trombone ne sert pas qu'à maintenir des feuilles, c'est aussi un objet qui permet de crocheter une serrure. Une aiguille, un porte-clés... assemblés, ils forment une chaînette, peuvent relier des éléments entre eux...

Vision

Plaisir : percevoir, anticiper le futur.

Vous faites partie de ceux qui sont capables de percevoir ce que demain sera.

Vous construisez une image relativement précise du futur. C'est de cette projection que vous tirez votre imagination et votre inspiration.

Vous savez percevoir les signes, les bribes d'informations ou d'événements qui vont avoir une répercussion dans le futur, transformer le présent et vous vous mettez alors à projeter les conséquences que cela pourrait avoir.

De là naît votre inspiration, votre pro-activité qui vous permet de percevoir les changements avant qu'ils ne se produisent.

Toutes vos visions ne se réaliseront peut-être pas, mais quel plaisir lorsque elles deviennent réelles !

Persuasion

Plaisir : convaincre les autres.

Par on ne sait quelle magie, vous parvenez toujours à convaincre les autres d'adhérer à vos propositions.

Aucune objection, critique, remise en cause ne vous arrête, vous êtes convaincu, donc, vous convainquez ! Votre capacité à retomber sur vos pieds, quel que soit le contexte ou quelles que soient les personnes peut paraître déconcertante.

On fait appel à vous en cas de désaccord, dans des situations bloquées. Vous savez ce que vous avez à dire, les arguments à valoriser, les éventuelles concessions à faire, pour convaincre les personnes en face de vous.

Vous avez développé une finesse dans votre discours et dans votre attitude qui met à mal les objections qui sont très rapidement analysées puis traitées.

Vous aimez parvenir à modifier la perception ou l'avis de tiers sur ce que vous négociez, les objections vous stimulent, elles vous forcent à trouver l'argument convaincant. Vous adorez la « joute » verbale et, par-dessus tout, atteindre votre objectif de négociation.

Curiosité

Plaisir : découvrir de nouvelles choses.

Animé par le plaisir de la découverte, vous êtes en permanence en éveil et à l'affût de ce qui se passe autour de vous.

Curieux de tout en général, vous faites preuve d'une grande disponibilité et d'intérêt car pour vous, le monde est passionnant par sa diversité, ses richesses et également sa complexité.

Attentif à tout ce qui vous entoure, vous observez, allez au devant des informations, participez à des événements, voyagez, allez à la rencontre des personnes que vous prenez plaisir à interroger pour accéder à leurs visions des choses, car vous avez une grande ouverture d'esprit.

Au-delà de la démarche d'acquisition de nouvelles connaissances, vous aimez les temps de réflexion qui s'en suivent. Vous prenez plaisir à créer des connexions entre des éléments à priori différents, à formuler des hypothèses, et si le fruit de votre réflexion n'est pas satisfait, repartir au devant d'informations complémentaires.

C'est davantage la satisfaction de découvrir que de savoir qui vous stimule.

Stratégie

Plaisir : faire le bon choix.

Ce que vous aimez, c'est faire le bon choix parmi une multitude d'options.

Plusieurs hypothèses et solutions s'offrent à vous. Il faut en choisir une. Laquelle ?

C'est dans ces moments-là que l'on fait appel à vous. Votre capacité à prendre une décision en fonction d'une fine évaluation des forces, faiblesses, menaces et opportunités en présence font de vous un grand stratège.

Votre processus de questionnement, de formulations d'hypothèses, d'évaluation des impacts, vous permet d'imaginer plusieurs scénarios, de les mettre à l'épreuve, de les peser, sous-peser, de les comparer entre eux, d'explorer les différents aspects, d'identifier les éventuels obstacles.

De là, vous éliminez les options qui ne répondent pas au résultat attendu, mettez de côté celles qui y répondent partiellement, pour finalement retenir celle qui vous semble la plus adaptée.

Tel un joueur d'échecs, vous adorez ces moments de réflexion intenses. Surtout que, force est de constater que vos choix sont très souvent les meilleurs.

Conceptualisation

Plaisir : concevoir de nouvelles idées.

Vous êtes fasciné par les idées, les théories et les concepts.

Doté d'un sens aigu de l'observation et de l'analyse, vous avez cette capacité à simplifier des informations complexes, les regrouper en un tout cohérent, que ce soit sous forme de schémas, de matrices, de métaphores, de signes, d'équations ou d'acrostiches, pour leur donner du sens, les rendre cohérents et compréhensibles.

E = SVP, les quatre A, la grille de l'épanouissement, la théorie du bonheur, les trois principes clés de la vente, les règles d'or du management pourraient être l'un de vos concepts.

Cette capacité que vous avez de représenter une situation, des informations de manière générale et accessible étonne toujours votre entourage. Il faut dire que vous êtes en permanence en éveil et que votre cerveau ne cesse de décortiquer ce qui se passe autour de vous pour le rendre compréhensible.

Qu'il est excitant de donner naissance à un nouveau concept !

Originalité

Plaisir : être différent.

Pour vous, ce qui est primordial, c'est de ne pas être, de ne pas faire comme les autres.

Vous aimez la différence, ce qui sort de l'ordinaire. Ceci peut s'exprimer par une manière de penser différente, voire mieux, opposée à la norme, une attitude et un comportement qui vous sont propres.

Vous aimez vous sentir unique, attirer l'attention, être différent des autres, rien ne vous agace plus que la banalité et la conformité.

De votre point de vue, le monde évolue lorsqu'il sort des « sentiers battus ». Le conformisme représente un danger, un frein à l'évolution, à l'épanouissement de « l'être ».

Ce n'est pas que vous recherchez l'anarchisme, l'anticonformisme pour l'anticonformisme, mais vous considérez que l'originalité permet d'exister en tant qu'individu, d'éviter d'être enfermé dans des « cases », de « sortir du cadre », d'explorer de nouveaux horizons…

Esthétisme

Plaisir : mettre en valeur.

Ce qui vous caractérise, c'est le « sens du beau », le « goût des belles choses ».

Vous êtes avant tout attentif à la profondeur et à la beauté visuelle et sensorielle des choses, des lieux et des personnes. Pour vous, le contenant, et notamment l'émotion et le ressenti qu'il provoque, est aussi important que le contenu.

Vous avez une déconcertante facilité à jouer et composer avec les formes, les textures, les sons, les couleurs, pour mettre en valeur ce qui vous est demandé, que ce soit une présentation, un produit… en fonction soit de votre cible, soit de critères esthétiques universels ou personnels.

Ce qui importe selon vous, c'est la manière dont l'objet ou la situation doit être représenté afin de provoquer de la satisfaction et du plaisir, des émotions, d'exciter les sens (toucher, vue, odorat, ouïe). Vous avez cette sensibilité qui touche les gens, voire qui les émeut.

Empathie

Plaisir : comprendre les émotions des autres.

Vous êtes capable de comprendre facilement et rapidement ce que ressentent les autres, de voir comment ils perçoivent le monde, ce que cela provoque en eux, comme si c'était vous.

Sensible aux comportements, aux propos tenus ainsi qu'à la manière dont ils sont formulés, vous accédez aux émotions vécues par les personnes, entrez en toute bienveillance dans leur monde intérieur pour mieux les comprendre.

Vous terminez les phrases non achevées de vos interlocuteurs, trouvez les mots qu'ils recherchent, entendez les questions non formulées, anticipez leurs besoins avec une certaine facilité.

Si vous le comprenez, cela ne signifie pas pour autant que vous êtes d'accord avec eux. Pour vous, comprendre et accepter sont deux notions différentes.

Accueillant, disponible, votre grande capacité d'écoute et votre absence de jugement met en confiance, apaise les autres. Se sentant compris, c'est tout naturellement qu'ils viennent se confier à vous. Et vous aimez cela.

Médiation

Plaisir : pacifier les relations.

De votre point de vue, les tensions et les conflits n'amènent rien de positif et vous recherchez à les minimiser le plus souvent possible ou à trouver rapidement des solutions.

Si vous comprenez que des personnes ne soient pas d'accord, ce n'est pas pour vous une raison de s'affronter car vous croyez qu'il y a toujours un moyen de trouver une ou plusieurs solutions satisfaisantes pour les parties.

C'est ce processus d'exploration menant au consensus que vous aimez car, en votre fort intérieur, vous êtes convaincu qu'il y a toujours un moyen de s'arranger et de trouver une issue satisfaisante.

Vous comprenez les différents points de vue, répertoriez les points d'accord et de désaccord, explorez des terrains d'entente.

Lors des débats d'idées, vous prenez du recul et intervenez sur des sujets sur lesquels tout le monde peut s'entendre.

On apprécie votre calme, votre capacité à apaiser les tensions, à vous adresser avec douceur, compréhension et surtout à concilier les intérêts des personnes.

Vous aimez ces moments de réconciliation et vous êtes fier de pouvoir contribuer à apaiser les tensions et permettre aux autres de sortir de situations conflictuelles.

Narration

Plaisir : captiver l'attention.

Vous aimez donner vie aux idées, aux projets et les rendre captivants.

Minutieusement préparés ou improvisés, vos récits suscitent l'attention, l'intérêt. Vous donnez envie d'en savoir plus, de poser des questions.

Pour vous, il n'y a rien de plus fade et ennuyeux qu'une présentation scolaire, théorique, monocorde. C'est pourquoi vos présentations sont toujours animées, illustrées d'histoires, d'anecdotes, de métaphores, d'exemples vivants, que ce soit à l'écrit ou à l'oral.

Vous ressentez le besoin de faire réagir, de dynamiser, de créer une certaine émulation parmi vos auditeurs, vos lecteurs. C'est pourquoi vous vous exprimez par des mots chocs, des phrases percutantes, des histoires drôles, des maximes, tout ce qui peut contribuer à rendre l'échange vivant.

Que l'on soit d'accord ou en désaccord, votre enthousiasme et votre énergie ne laissent pas indifférent. Il vous arrive souvent de susciter ou de provoquer des réactions.

Les autres aiment vous écouter, et vous aimez partager avec eux.

Fédération

Plaisir : créer de la cohésion.

Vous considérez qu'une équipe est plus forte que la somme des individus qui la compose et que chaque personne se réalise au travers du groupe.

Vous avez une grande facilité à créer les conditions d'une atmosphère bienveillante, naturelle, conviviale et constructive au sein de laquelle chaque personne pourra s'exprimer, prendre des initiatives, partager et s'enrichir au contact des autres.

Pour vous, parvenir à concilier les stratégies individuelles et les enjeux collectifs, miser sur les différences et les complémentarités, créer un climat de confiance et d'entraide, sont les principaux ingrédients de la réussite, autant individuelle que collective, et vous vous y employez avec une très grande énergie.

Au fond, vous pensez que l'homme n'est pas fait pour être seul et que son épanouissement passe inéluctablement par la qualité des rapports et des relations qu'il établit et entretient avec les autres.

Vous savez composer avec chaque personnalité, trouver les points et les arguments qui rassemblent. Quel bonheur d'avoir une équipe soudée, mobilisée autour d'un but commun, où chacun trouve sa place et apporte sa pierre à l'édifice collectif !

Personnalisation

Plaisir : valoriser les différences.

Vous savez rapidement déceler les particularités des personnes que vous côtoyez, vous accordez une attention particulière à ce qui les caractérise, ce qui vous permet d'établir de bonnes relations avec elles.

Vous êtes allergique aux typologies, modèles et généralisations en ce qui concerne l'être humain car vous considérez que chaque personne est unique.

Vous observez, êtes à l'écoute du style de chaque personne, de ses motivations, ses pensées, ses actes. Votre talent d'individualisation vous permet de vous adapter à chaque personnalité, savoir ce qu'il convient de faire et de ne pas faire.

Fort de ces constats, vous composez avec chaque personnalité, valoriser les différences, recherchez à créer de la complémentarité entre elles.

En fait, vous adorez les différences, elles vous nourrissent.

Réseau

Plaisir : créer et maintenir les relations.

Vous allez au devant des gens afin de créer un lien et le maintenir.

Vous savez assez rapidement instaurer une certaine sympathie avec les gens, ce qui fait que vous êtes assez souvent sollicité.

Une fois le lien créé, vous estimez qu'il est important de le maintenir. C'est pour cette raison que vous communiquez régulièrement, prenez fréquemment des nouvelles de votre entourage, proche ou éloigné.

Vous avez des gestes d'attention, vous êtes là quand il le faut ou lorsque le besoin se fait ressentir… Vous vous souvenez des dates d'anniversaire, des petits gestes qui font plaisir, qui permettent d'entretenir la relation.

Cela vous permet d'ailleurs de disposer d'une multitude d'informations car les autres se confient facilement à vous. Vous avez un bon « carnet d'adresses », ce qui vous permet non seulement de savoir vers qui vous tourner selon les sujets mais aussi de mettre en relation les membres de votre réseau entre eux, selon leurs besoins.

Leadership

Plaisir : rallier les autres.

« Qui m'aime me suive ! » Vous avez cette capacité naturelle à rallier les autres autour de vous, et plus précisément autour d'un projet, d'un but commun.

Porteur de sens, inspirant la confiance, enthousiaste, vous donnez envie aux autres de vous suivre. Parce que vous croyez en votre projet, ils croient en vous.

Vous avez une vision claire de ce que vous voulez réaliser et vous savez transmettre cette vision, convaincre et obtenir les moyens dont vous avez besoin pour atteindre vos résultats.

Vous êtes plus particulièrement à l'aise en situation de crise ou de tension car votre plaisir naît de la dynamique que vous impulsez, de l'énergie que vous véhiculez et propagez, surtout auprès des plus incrédules et réfractaires aux changements.

Vous savez instinctivement repérer et agir sur les leviers de la motivation et de l'engagement. Vos rapports avec les autres sont authentiques et sincères. Ils ont confiance en vous et vous leur donnez confiance en eux.

Respecté, crédible, c'est tout naturellement que l'on vous suit et vous aimez cette agréable sensation de créer l'émulation autour de vous.

Serviabilité

Plaisir : faire plaisir aux autres.

Vous aimez rendre service, apporter votre aide, résoudre les problèmes des autres, trouver une solution à leurs besoins, donner des conseils et ce, quelle qu'en soit la forme, sans attendre de retour, juste pour le plaisir de faire plaisir aux autres.

Au fond, vous avez besoin de vous sentir utile aux autres et c'est par l'aide, le réconfort et le soutien, aussi bien technique qu'affectif, que vous comblez ce besoin. Vous faites tout votre possible pour aider les autres en fonction de leurs demandes mais vous percevez aussi ce dont ils ont besoin sans même qu'ils le formulent. Il vous arrive même parfois de prendre les devants avant qu'ils ne vous le demandent.

Ce qui vous plaît par dessus tout n'est pas ce que vous faites pour les autres mais ce que vous leur apportez. Vous aimez particulièrement ce moment où, après leur avoir rendu service, ils vous adressent un sourire, vous font part de leur soulagement. Même le plus petit signe de reconnaissance, de satisfaction, de contentement, vous fait plaisir.

Pédagogie

Plaisir : transmettre son savoir.

Vous aimez apporter aux autres, par la transmission de votre savoir et de votre expérience.

Quel plaisir de voir l'autre grandir, l'accompagner dans l'acquisition de nouvelles connaissances, le développement de ses capacités, l'optimisation de son potentiel !

Vous savez, en fonction de l'objectif et de la cible, définir un itinéraire pédagogique adapté, sélectionner ou concevoir les méthodes pédagogiques pertinentes, adopter le discours et les comportements favorables à la transmission de votre savoir.

Au-delà de la simple transmission de vos connaissances, ce que vous aimez aussi, voire tout autant, c'est l'échange avec les participants. Ces échanges qui vous nourrissent et qui vous apprennent tout autant par ailleurs. Vous considérez finalement l'enseignement comme un apport mutuel et réciproque, même si cela se situe à des niveaux différents.

La présentation des appétences existe aussi sous le format d'un jeu de 30 cartes (une carte pour chaque appétence) qui rend la sélection plus opérationnelle et ludique[1].

Et vous, quelles sont vos cinq appétences ?

....

....

....

....

....

Outil n° 4. Document de déclaration des cinq appétences individuelles

Certaines personnes s'interrogent sur les raisons pour lesquelles il convient de limiter à cinq le nombre d'appétences à sélectionner. La réponse est relativement simple : plus vous allez augmenter le nombre d'appétences à sélectionner, moins vous vous concentrerez sur l'essentiel.

Il est parfois difficile de se limiter à ce nombre et c'est une bonne chose car ce processus de hiérarchisation amène à prendre conscience de ce qu'il y a de plus important pour soi.

Il arrive que certaines personnes décident d'en retenir trois ou quatre mais, pour être honnête, c'est relativement rare.

Maintenant que vous avez sélectionné vos cinq appétences, qu'allons-nous bien pouvoir en faire ?

1. Accès à la présentation du jeu de cartes en bas de page du lien suivant : www.innovationmanageriale.com/concepts/de-la-gestion-du-savoir-faire-au-management-de-laimer-faire/

Chapitre 4

LES OUTILS DE MANAGEMENT DU PLAISIR AU TRAVAIL

Sélectionner ses principales appétences est une première étape qui permet de prendre conscience des types d'activités qui peuvent procurer du plaisir au travail de manière à devenir davantage auteur et acteur de son épanouissement professionnel.

Certains professionnels de l'accompagnement entreprennent déjà cette démarche de conscientisation mais les résultats sont rarement exploités par les entreprises pour la simple raison qu'elles ne disposent pas de grilles de lecture, d'outils ou de méthodes qui prennent en compte les appétences dans leurs modes de management et de gestion des ressources humaines.

Aussi le processus d'identification des appétences, quelle qu'en soit la forme, se limite-t-il généralement à l'accompagnement individuel, charge à chacun de l'exploiter comme il le peut. Certaines personnes vont s'engager dans une démarche personnelle de valorisation de leurs appétences, d'autres se limiteront à cette prise de conscience sans l'exploiter.

Mais comment exploiter et valoriser les appétences ? En quoi peuvent-elles apporter de nouvelles créations de valeurs pour l'entreprise et les salariés ? Dans quels domaines et au sein de quels processus ?

Vous trouverez dans ce chapitre des outils et démarches concrètes et opérationnelles regroupés en neuf thèmes de manière à ce que vous puissiez accéder rapidement à ce que vous recherchez. Un thème est une réponse à la question « Comment faire pour... » :

- Constituer votre propre référentiel appétences
- Renforcer l'employabilité et la mobilité
- Recruter des personnes qui éprouveront du plaisir à travailler
- Évaluer le niveau de plaisir procuré par l'emploi
- Prendre conscience du niveau d'attractivité des métiers
- Maintenir le niveau d'engagement
- Renforcer la cohésion au sein des équipes
- Repenser la répartition des rôles
- Se servir des appétences pour identifier ses axes de développement

Pour chaque thème vous sont présentés :

- des outils (matrices, référentiels...) ;
- des propositions d'utilisation concrètes ;
- des commentaires et préconisations (issus des retours d'expériences) ;
- des exemples de pratiques d'entreprises, à titre d'illustration.

Vous pouvez utiliser ces outils tels qu'ils vous sont présentés ou les adapter selon vos besoins et votre entreprise.

Constituer votre propre référentiel appétences

- Outil n° 5. Fiche « emploi-appétences » élaborée par des spécialistes en ressources humaines (page 91).
- Outil n° 6. Fiche de restitution des appétences sélectionnées par des petits groupes composés d'experts des métiers concernés (page 92).
- Outil n° 7. Fiche de restitution des appétences sélectionnées par un grand groupe (page 93).

Finalité : adapter le référentiel des appétences à la culture et aux métiers de l'entreprise.

Le référentiel des appétences qui vous a été présenté est un outil « universel » dans le sens où il n'est propre à aucun secteur d'activité professionnelle particulier ou aucune position hiérarchique spécifique.

S'il peut être utilisé en l'état dans le cadre de démarches d'accompagnement individuel, il semble opportun de l'adapter à chaque entreprise. Il serait inutile de conserver des appétences qui n'auraient pas de raison d'être et bien dommage de se priver d'en concevoir de nouvelles qui auraient tout leur sens dans votre entreprise.

Utilisation proposée

Afin de disposer d'un référentiel adapté, l'entreprise a quatre possibilités :

- conserver l'appétence en l'état sans modifier l'intitulé de l'appétence, la phrase qui résume le plaisir associé et le texte de présentation ;

- supprimer l'appétence qui ne présente pas d'intérêt pour l'entreprise ;
- modifier l'appétence, soit son intitulé, soit la phrase qui résume le plaisir associé ou le texte de présentation ;
- créer une nouvelle appétence.

L'entreprise a la possibilité de constituer son référentiel appétences de manières différentes :

- Option 1 : en en confiant la responsabilité à un groupe de spécialistes en ressources humaines qui se seront appropriés la méthode en vue de rédiger la fiche « emploi-appétences » comme celle présentée ci-dessous à titre d'illustration.

INTITULÉ	CONSULTANT FORMATEUR
PRINCIPALES MISSIONS ET ACTIVITÉS	
• Concevoir son offre de services	
• Prospecter et entretenir un réseau de clients	
• Concevoir des méthodes et supports d'animation	
• Animer des sessions de conseil / coaching / formation ateliers / conférences	
• Être en veille sur les tendances émergentes, explorer de nouvelles approches et inventer de nouveaux concepts	

5 appétences clés
Conceptualisation Concevoir de nouvelles idées
Pédagogie Transmettre ses connaissances
Originalité Être différent
Structuration Organiser et ordonner
Réseau Créer et maintenir les relations

Outil n° 5. Fiche « emploi-appétences » élaborée par des spécialistes en ressources humaines

- Option 2 : par le biais de groupes de travail constitués de professionnels du métier. Dans ce cas, la démarche comportera deux étapes :

Les étapes de mise en œuvre

- Étape 1 : demander à chaque groupe de travail de sélectionner cinq appétences.
- Étape 2 : dans le cas où les différents groupes de travail n'ont pas sélectionné les mêmes appétences, ce qui est très fréquent, inviter tous les participants des groupes de travail à s'entendre sur la sélection finale des cinq appétences de l'emploi.

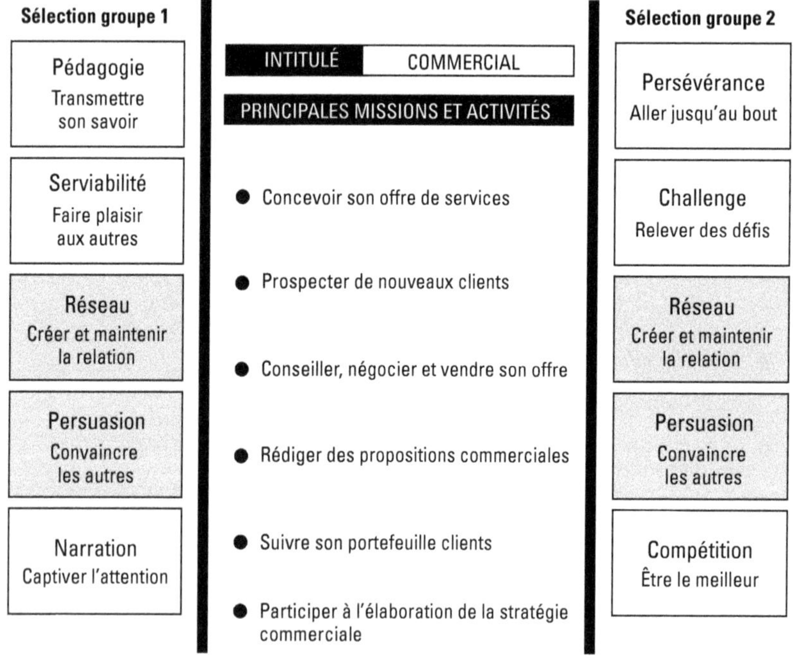

Outil n° 6. Fiche de restitution des appétences sélectionnées par des petits groupes composés d'experts des métiers concernés

- Option 3 : par un nombre plus important de personnes, experts du métier ou non.

Le choix des appétences peut être élargi au plus grand nombre dans le cadre d'un séminaire d'entreprise, par exemple. Les acteurs de cette sélection peuvent être les professionnels du métier concerné mais il est aussi possible de solliciter des salariés d'autres métiers de manière à bénéficier de perceptions différentes de celles des experts.

Métier COMMERCIAL

○	Engagement	12	○	Pensée critique	9	○	Esthétisme	2
○	Structuration	9	○	Originalité	4	○	Empathie	25
●	Challenge	68	○	Résolution	12	○	Médiation	13
○	Compétition	32	●	Débrouillardise	78	○	Narration	16
○	Adaptation	24	○	Vision	2	○	Fédération	19
○	Persévérance	27	●	Persuasion	90	○	Personnalisation	2
○	Optimisme	12	○	Curiosité	27	●	Réseau	84
○	Exploration	7	○	Stratégie	8	○	Leadership	4
○	Optimisation	16	○	Conceptualisation	9	●	Serviabilité	72
○	Intuition	21	○	Originalité	11	○	Pédagogie	31

Outil n° 7. Fiche de restitution des appétences sélectionnées par un grand groupe

Commentaires et préconisations

Voici quelques suggestions en ce qui concerne :

- **Le nombre d'appétences à intégrer dans le référentiel.**

La démarche du management par les appétences se rapproche plus du management par les valeurs d'entreprise que du management par les compétences métiers.

Pour en préserver la pertinence, il est important d'en limiter le nombre afin d'éviter d'en faire un outil bureaucratique comme cela fut le cas avec certains référentiels de compétences ou de management qui sont rapidement devenus de superbes « usines à gaz ». C'est pourquoi il est important d'en limiter le nombre à 30, voire à 20.

Les différences de sélection des appétences pour un même métier.

Comment faire lorsque les personnes ne choisissent pas les mêmes appétences ? Par expérience, il est extrêmement rare que plusieurs groupes de travail sélectionnent les cinq mêmes appétences.

En général, si deux à trois appétences sont communément choisies par les différents groupes, il y en a toujours deux à trois qui divergent. Cette différence de sélection s'explique par le fait que les personnes n'ont pas la même représentation de la manière de réaliser les missions, manière bien souvent corrélée aux appétences individuelles.

Bien que les entreprises aient pris soin de décrire avec assez de précision les contenus des emplois ainsi que la manière de réaliser les activités *via* des procédures et des modes opératoires, il reste toujours des « zones » qui ne sont pas clarifiées. C'est ce que les sociologues Michel Crozier et Erhard Friedberg ont intitulé la « zone d'incertitude » dans leur théorie de l'acteur stratégique[1].

Ces zones d'incertitudes représentent le « pouvoir d'action » du collaborateur, une certaine forme de liberté et d'autonomie laissée volontairement ou non par l'entreprise qui porte davantage sur le « comment » que sur le « quoi » et le « pourquoi ». Les différences d'appétences sont souvent liées aux « zones d'incertitude ».

Il est fréquent qu'une personne choisisse la manière de réaliser ses missions au regard de ses appétences lorsqu'elle se retrouve dans sa « zone de pouvoir ».

Illustration

L'exemple présenté dans l'outil n° 6 illustre ce propos. Sur la base d'activités identiques, deux groupes ont sélectionné des appétences qui ne sont pas

1. Michel Crozier et Erhard Friedberg, *L'acteur et le système*, Points, 2014.

toutes similaires. Si les deux groupes ont choisi les appétences « réseau » et «persuasion », le premier groupe a retenu trois autres appétences (« pédagogie », « serviabilité » et « narration ») alors que le choix du second groupe s'est porté sur les appétences « challenge », « compétition » et « persévérance ». Il apparaît clairement que la différence de sélection ne porte pas sur les missions en tant que telles mais sur la manière de les réaliser, la posture, l'état d'esprit. Le métier de commercial est perçu par le premier groupe avec une dimension de type « conseil » (centré sur le client) alors que le second est plus dans une dimension de type « vente » (centré sur les objectifs de l'entreprise). Quel groupe a raison ? Aucun des deux car tout dépend de la culture de l'entreprise.

Les échanges qui ont lieu en seconde étape dans le but de sélectionner les appétences finales amènent régulièrement à un débat sur la culture de l'entreprise, son identité, son ADN, ses valeurs. Aussi faut-il laisser libre court aux débats et inviter les participants à prendre en considération ces éléments dans la sélection finale.

- **La création ou la modification de la description d'une appétence.**

L'appétence étant de l'ordre du ressenti, sa description peut être faite soit par les personnes concernées sur la base du plaisir qu'elles éprouvent, soit *via* un travail d'empathie lorsque le rédacteur n'est pas du métier.

Aucune formulation n'est exacte en tant que telle. C'est pourquoi elle peut être sujette à évolution ou complément dès que cela s'avère nécessaire.

Renforcer l'employabilité et la mobilité

- Outil n° 8. Fiche d'identification de passerelles d'évolution d'emploi sous l'angle des appétences (page 99).

Finalité : imaginer de nouvelles perspectives en matière d'accès à l'emploi.

Dans notre système actuel, les conseillers d'orientation suggèrent des métiers à des élèves au regard des matières où ils ont de bons résultats. La sélection d'un candidat à un emploi se fait quant à elle principalement sur la base de ses diplômes, de son expérience professionnelle et de ses compétences acquises.

Depuis des années, la formation, ou plus précisément l'aide à l'acquisition de compétences ou de qualifications, constitue la mesure phare de lutte contre le chômage dans notre pays. Quels que soient les dispositifs mis en œuvre par les différents gouvernements, ils sont tous fondés sur l'idée qu'il faut agir sur le développement des compétences pour optimiser les opportunités de retour à l'emploi.

Et si, à travers la grille de lecture des appétences, il devenait possible de permettre à des personnes d'accéder à des emplois auxquels elles n'auraient pu prétendre du fait de leur inexpérience ?

Présenter les métiers par les plaisirs qu'ils procurent

Donner envie à une personne d'accéder à un emploi en lui présentant les activités et les compétences requises est-il suffisant ? Quel serait l'impact si les entreprises présentaient leurs métiers à travers les plaisirs qu'ils procurent ?

Faut-il impérativement qu'un candidat réponde à toutes les compétences requises ou serait-il envisageable d'autoriser l'accès à un emploi à une personne qui n'a pas forcément d'expérience mais qui l'acquerra rapidement et facilement parce qu'elle sera dans sa zone de plaisir ?

Trouver sa vocation n'est pas toujours évident. Se lancer dans un projet de reconversion professionnelle non plus. Présenter un métier sous l'angle de l'appétence pourrait sans doute susciter des envies qu'il serait difficile de provoquer par la seule présentation des missions.

Illustration

Présenter un métier de jardinier en mettant en valeur les plaisirs procurés, comme :

- créer un environnement agréable à regarder (appétence « esthétisme ») ;
- imaginer des compositions qui n'existent nulle par ailleurs (appétence « originalité ») ;
- trouver des solutions avec les moyens du bord (appétence « débrouillardise ») ;

le tout avec des photos illustrant des exemples de compositions florales déjà réalisées pourrait sans doute attirer l'attention de personnes qui n'auraient pas appréhendé ce métier sous cet angle.

Parce qu'il est possible d'apprendre à tout âge

Contrairement à ce que l'on a longtemps cru, notre cerveau est capable de créer de nouvelles connexions neuronales tout au long de notre existence. En d'autres termes, notre plasticité cérébrale fait que nous sommes capables d'apprendre à tout âge.

Au 42e jour de sa vie, l'être humain crée son premier neurone. 120 jours plus tard, il en possède 100 milliards. Cela représente le potentiel. En parallèle, 60 jours avant la naissance, les neurones se mettent à vouloir communiquer les uns avec les autres. Chaque connexion établie forme une synapse dont la fonction est de permettre à deux neurones de communiquer entre eux.

À l'âge de trois ans, chacun des 100 milliards de neurones a établi 15 000 connexions synaptiques avec d'autres neurones. Nous disposons alors d'un potentiel incroyablement gigantesque d'acquisition des connaissances.

Mais ce capital est tellement énorme qu'il semble impossible de mobiliser tout ce réseau neuronal. À seize ans, l'être humain a perdu la moitié de son réseau parce qu'il ne lui a pas été possible de le mobiliser dans son intégralité.

En fonction de sa personnalité, de son vécu et de nombreux autres paramètres dont la liste serait trop longue à énumérer, chaque être humain va solliciter certaines parties de son réseau synaptique et en délaisser d'autres. Et lorsqu'une synapse n'a pas été sollicitée, un peu comme un feu de bois, elle se dégrade et finit par mourir.

D'après la neuroscience, notre capital est tellement énorme que perdre des connexions synaptiques n'est pas vraiment grave puisque nous pouvons à tout moment créer de nouvelles synapses. Moralité, l'être humain dispose d'un tel potentiel qu'il peut apprendre à tout âge.

Cet apprentissage sera d'autant plus facile et rapide qu'il provoquera du plaisir. Il devient alors possible d'imaginer qu'une personne puisse accéder à un emploi dont elle n'a ni les compétences ni l'expérience, si l'on prend soin de vérifier qu'elle mobilisera et valorisera ses appétences. Cela n'a rien de nouveau. Il n'est pas rare d'avoir observé des reconversions radicales, mais elles se font souvent dans le cadre de l'entreprenariat, rarement dans le cadre du salariat.

Ce pari risqué – il faut le souligner – ne peut néanmoins s'obtenir que par un changement d'état d'esprit et de pratiques des protagonistes du marché de l'emploi :

- d'abord de la part des employeurs qui doivent accepter de prendre le risque de recruter une personne inexpérimentée ;
- ensuite de la part des institutions d'aide au retour à l'emploi, qui pourraient suggérer de nouveaux métiers après s'être assuré que les activités seront source de plaisir avant de s'engager dans le financement d'actions de formation ;
- enfin de la part des demandeurs d'emploi ou des personnes qui cherchent à évoluer ou à se reconvertir, qui devront faire preuve d'une totale transparence sur leurs appétences.

Puisque cette proposition ne repose pas sur une validation préalable des acquis professionnels, les entreprises devront renforcer le processus d'intégration et surtout assurer un suivi de la période d'essai de manière plus rigoureuse que ce n'est le cas aujourd'hui dans bon nombre d'entreprises, car offrir une opportunité ne veut pas dire pour autant faire preuve de philanthropie. Cette prise de risque doit profiter aussi bien aux salariés qu'aux entreprises.

Il semble également évident que certains emplois ne pourront pas être concernés compte tenu du niveau de complexité des compétences requises, généralement validées par des diplômes d'enseignement supérieur. Mais cela ne représente pas la majorité des emplois.

Taux d'emploi par qualification en France en 2015[1]
Non diplômés : 19 %
CAP/BEP : 25 %
Bac : 19 %
Bac + 2 : 16 %
Bac + 3 et plus : 21 %

S'il est vrai que le nombre d'emplois qui nécessitent un diplôme d'enseignement supérieur a triplé en 30 ans, il reste quand même une majorité d'emplois auxquels on peut avoir accès sans avoir de diplômes supérieurs.

Cette proposition n'est pas fondée uniquement sur une idée mais sur un constat partagé à de nombreuses occasions suite aux résultats d'un exercice qui met en avant que certains métiers, en apparence totalement

1. Source : Insee.

différents et qui ne requièrent pas du tout les mêmes compétences, ont des appétences similaires, comme l'illustre l'exemple ci-dessous.

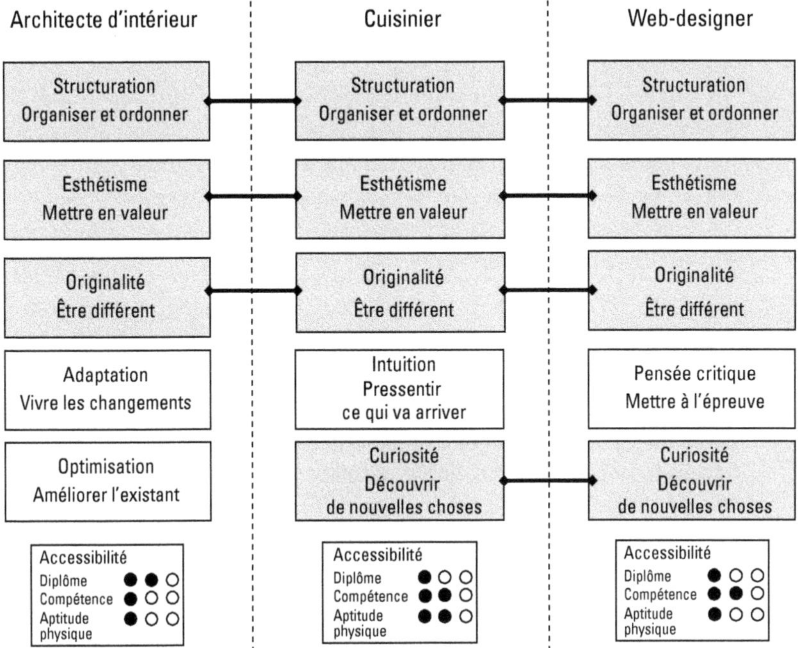

Outil n° 8. Fiche d'identification de passerelles d'évolution d'emploi sous l'angle des appétences

Utilisation proposée

Les étapes de mise en œuvre

- Étape 1 : établir une cartographie des principales appétences pour chaque métier et définir le niveau de facilité d'accès au métier sur la base, par exemple, de trois critères :
  - niveau de diplôme requis ;
  - niveau de complexité des compétences requises ;
  - niveau d'aptitude physique.

Chaque niveau peut être évalué selon une notation de difficulté d'accès (dans l'exemple ci-dessus, cette notation est symbolisée par le nombre de pastilles noires).

- Étape 2 : identifier les appétences communes aux différents métiers.
- Étape 3 : rapprocher les appétences déclarées par les candidats et les métiers en fonction du nombre d'appétences communes, de manière à identifier les métiers qui sollicitent leurs appétences.
- Étape 4 : partager autour des opportunités d'accès à l'emploi.
- Étape 5 : définir un plan d'accès à l'emploi au regard des appétences et des compétences.

Commentaires et préconisations

Offrir des opportunités d'accès à un emploi sans pour autant que les personnes puissent justifier des diplômes et des compétences requises nécessite une analyse préalable détaillée, compte tenu du risque que cela peut représenter.

Certains métiers complexes, pointus, qui nécessitent un niveau d'expertise ou de diplômes élevé ne sont, à priori, pas concernés. Mais cela ne doit pas pour autant empêcher les entreprises de se lancer dans cette nouvelle aventure pour les métiers les plus accessibles.

Dans la mesure où les personnes n'ont pas les compétences requises, cette démarche demande un plan d'intégration précis avec des feed-back réguliers et un système d'évaluation avant la fin de la période d'essai qui permette de statuer sur la confirmation de l'embauche ou de la période probatoire car il n'est pas question que cela représente un risque, ni pour le salarié ni pour l'entreprise.

C'est pourquoi les « règles du jeu » doivent être explicites et validées par les parties avant la décision d'engagement.

Recruter des personnes qui éprouveront du plaisir à travailler

Outil n° 9. Document « argumentation appétences » (p. 102).

Finalité : sélectionner des candidats qui auront plaisir à réaliser les activités confiées.

Lorsqu'elles souhaitent recruter un nouveau collaborateur, les entreprises ont pour habitude d'évaluer les diplômes, l'expérience, les compétences, la personnalité et la motivation des candidats qu'elles rencontrent.

Il est très rare que les sources d'épanouissement personnel soient évoquées. C'est pourquoi initier un échange autour des appétences peut s'avérer intéressant, de manière à apprécier si les activités seront sources de plaisir.

Utilisation proposée

Il est possible d'utiliser les appétences de manière informelle en dernière étape d'un processus de recrutement de manière à mieux connaître le candidat et d'échanger avec lui sur ses sources d'épanouissement. Voici quelques suggestions d'utilisation.

La sélection des appétences par l'entreprise

La sélection des cinq appétences peut être faite en lien direct avec le contenu d'un emploi, mais aussi pour combler les appétences qui manquent au sein d'une équipe (par exemple, il peut être opportun de sélectionner une appétence « originalité » qui n'aurait pas été déclarée par les membres d'une équipe alors que l'entreprise s'engage dans une stratégie de différenciation).

Le questionnement

Voici des suggestions de questions que vous pouvez poser lors d'un entretien de recrutement :

- Qu'est-ce qui vous procure le plus de plaisir dans le travail ?
- Quelle a été l'expérience la plus épanouissante pour vous ?
- Quelles conditions doivent être réunies pour que vous éprouviez un réel plaisir dans votre travail ?
- Pouvez-vous classer les missions de l'emploi pour lequel vous postulez en fonction du niveau de plaisir qu'elles vous procurent ?

- Quelles seraient les raisons qui feraient que vous ne seriez pas du tout épanoui ?

La sélection d'appétences par le candidat

La présentation des appétences existe sous forme de cartes recto-verso[1]. Certaines entreprises invitent les candidats, généralement ceux qui sont en sélection finale, à choisir cinq cartes parmi un jeu de 30 cartes appétences puis à illustrer chacune des appétences par un exemple concret.

Prénom : Raoul | Date : 31/07/2017

Appétences	Explications
Conceptualisation Concevoir de nouvelles idées	Conception d'un système de feed-back de l'humeur provoquée par la réception d'un mail afin d'aider l'auteur d'un courriel à prendre conscience de l'impact des messages qu'il adresse
Pédagogie Transmettre ses connaissances	Animation d'une formation sur la gestion du stress
Originalité Être différent	Mise en place d'un système d'évaluation des clients qui permet d'identifier l'intérêt de les conserver ou non
Structuration Organiser et ordonner	Rédaction d'une procédure de remboursement des frais professionnels
Réseau Créer et maintenir les relations	Instauration et animation d'une communauté d'innovation managériale

Outil n° 9. Document « argumentation appétences »

Commentaires et préconisations

Les candidats sont toujours surpris par cette démarche et certains sont complètement déboussolés parce qu'elle est inhabituelle. C'est pourquoi il est important de donner du sens à ce procédé, notamment en évoquant

1. Consultables sur Internet : www.innovationmanageriale.com/concepts/de-la-gestion-du-savoir-faire-au-management-de-laimer-faire/

l'importance pour votre entreprise d'embaucher des collaborateurs qui seront épanouis.

Le recrutement est souvent perçu comme un acte de vente et peut être source de stress chez certains candidats. Pour se préparer aux entretiens et augmenter leur chance d'être sélectionnés, il est de plus en plus fréquent qu'ils s'entraînent aux différents outils de recrutement : identification des « bonnes réponses » aux questions les plus récurrentes, passation de questionnaires de personnalité, etc.

Cependant, dans la mesure où l'exploration des appétences lors du recrutement n'est pas une démarche connue, ce procédé peut déstabiliser certains candidats, soit parce qu'ils estiment qu'évoquer la notion de plaisir lors d'un entretien de recrutement est de l'ordre de la vie privée (ce qui n'est absolument pas le cas), soit parce qu'ils cherchent à formuler une bonne réponse. Or, il n'y a pas de bonnes ou de mauvaises appétences à sélectionner.

L'utilisation des appétences lors des entretiens de recrutement n'est ni un test ni une démarche d'évaluation. L'outil a pour principal objectif d'aider l'entreprise et le candidat à échanger sur ses sources d'épanouissement de manière à mieux le connaître et à se forger une idée sur le niveau de plaisir qu'il éprouvera à mener à bien les missions décrites dans l'offre d'emploi.

Ils l'ont fait !

Partitio

Partitio, société de conseil en informatique toulousaine de 40 salariés, explore dans le cadre de ses recrutements les appétences des candidats une fois les compétences techniques et les comportements validés.

L'entreprise s'appuie sur l'une de ses quatre valeurs d'entreprise qu'est le « plaisir » et explique au candidat qu'elle souhaite avoir un échange informel afin de mieux le connaître au-delà du poste pour lequel il est reçu. Cette discussion permet également à Partitio de prendre connaissance d'appétences qu'elle pourrait mobiliser et valoriser dans le cadre de projets à venir.

Elle présente dans un premier temps la notion d'appétence comme étant une capacité facile à mobiliser (le naturel), qui procure du plaisir (le kif) et apporte de la réussite (la gagne).

Parce qu'il n'est pas habituel pour un candidat d'évoquer ses appétences, Partitio remet le référentiel des appétences sous la forme du jeu de 30 cartes et l'invite à sélectionner cinq « appétences » ainsi qu'une « inappétence ».
Aucun délai de sélection n'est fixé, ce qui permet d'observer la manière dont le candidat choisit les cartes (la sélection est-elle effectuée suite à une lecture rapide des intitulés des appétences et des plaisirs associés ou prend-il le temps de lire la présentation de l'appétence ?).
Une fois les cinq cartes sélectionnées, l'entreprise demande au candidat d'illustrer chaque appétence en lui laissant toute latitude d'évoquer des exemples professionnels et/ou personnels.
Pour que cette étape de l'entretien soit bénéfique, aussi bien pour l'entreprise que pour le candidat, Noémie Rouzeau, en charge du recrutement, souligne l'importance d'instaurer un climat d'authenticité et de convivialité, ce qui n'est pas toujours évident pour certains candidats, compte tenu des enjeux.

Évaluer le niveau de plaisir procuré par l'emploi

- Outil n° 10. Document de déclaration du niveau de plaisir procuré par les appétences d'un emploi (p. 105).
- Outil n° 11. Grille d'affectation des activités savoir-faire/aimer-faire d'un emploi de manager (p. 110).

Finalité : apprécier le niveau d'adéquation entre les appétences d'une personne et celles liées à l'emploi occupé de manière à la responsabiliser sur la proposition d'actions de renforcement de son plaisir professionnel, si cela est possible.

Si l'employeur est en mesure d'agir sur l'amélioration de la qualité de vie au travail, le ressenti qu'éprouve un salarié à réaliser ses missions lui appartient. C'est pourquoi l'entreprise a tout intérêt à s'intéresser au niveau de plaisir procuré par l'emploi.

Comme il est assez inhabituel d'aborder ce sujet, quelques outils ont été conçus pour aider les salariés à déclarer le niveau de plaisir provoqué par l'emploi.

La déclaration du niveau de plaisir procuré par les appétences d'un emploi

Le premier outil consiste à faire déclarer le niveau de plaisir ressenti pour chaque appétence de l'emploi.

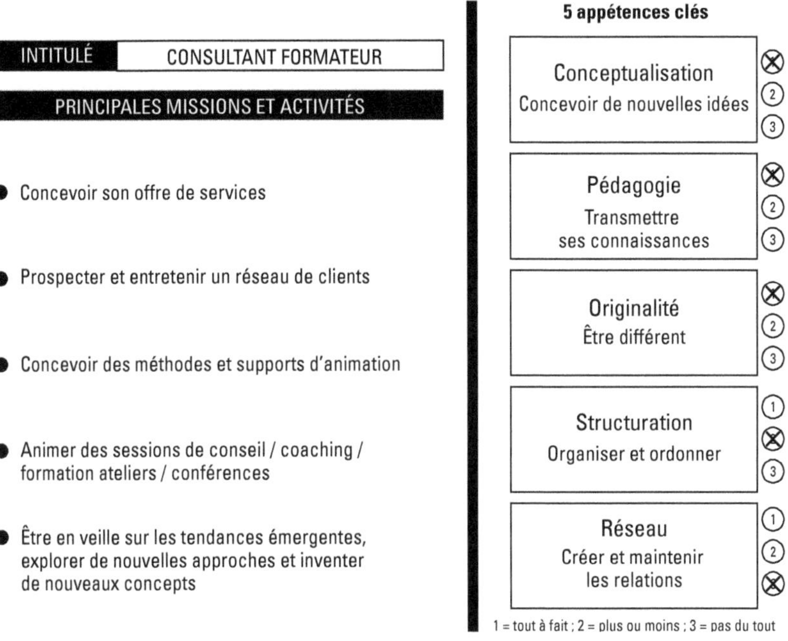

Outil n° 10. Document de déclaration du niveau de plaisir procuré par les appétences d'un emploi

Utilisation proposée

Après avoir identifié et sélectionné les cinq appétences d'un emploi, il vous est possible de demander au titulaire de cet emploi de déclarer son niveau de plaisir ressenti pour chacune des appétences.

Vous pouvez utiliser la légende suivante :

1. Tout à fait
2. Plus ou moins

3. Pas du tout

Dans le cas où une (ou plusieurs) appétence(s) liée(s) à l'emploi ne serai(en)t pas du tout une source de plaisir, voire une source de déplaisir, faites réagir la personne sur ce qu'elle en pense.

- Est-ce bloquant ?
- Est-il possible de valoriser d'autres appétences ?

Dans cet exemple, la personne n'éprouve aucun plaisir pour l'appétence « réseau », à savoir créer et maintenir les relations. Ce n'est pas forcément qu'elle ne sait pas le faire, juste qu'elle n'aime pas le faire. Et pourtant, cette appétence est importante pour l'activité de prospection et de relation commerciale. Alors, que faire ?

Le présupposé du concept est d'accepter qu'il n'est pas toujours possible d'éprouver du plaisir dans toutes les missions mais qu'il est possible d'en éprouver en adaptant sa manière de réaliser les activités au regard de ses propres appétences.

Illustration

J'ai créé une société il y a huit ans, après avoir exercé des fonctions en management des ressources humaines pendant 20 ans où je n'avais pas à faire de prospection. Mais lorsque l'on crée une entreprise et que l'on n'a ni client ni réseau relationnel, il faut bien se faire connaître. Et lorsque l'on n'éprouve aucun plaisir à démarcher des entreprises, la probabilité de décrocher des contrats est tout simplement nulle.

Respectant la philosophie du management par les appétences, j'ai donc accepté de ne pas me forcer à développer cette appétence, puisque ce n'en était pas une. Le fait de choisir de ne pas se forcer à faire ce que l'on n'aime pas faire est d'une certaine manière assez libérateur, mais cela ne résout en aucun cas le problème qui était que je n'avais pas de clients. Fort de cette prise de conscience, il fallait trouver une solution alternative. Pour me faire connaître, j'ai créé en 2012 un blog – www.innovationmanagériale.com – dont la vocation était de concentrer en un lieu unique toutes les pratiques managériales innovantes présentées dans des ouvrages, articles de presse, conférences et billets sur la toile. Mon but initial était de permettre aux entreprises qui souhaitaient réinventer leur management de disposer d'informations inspirantes. Par la suite, le blog est devenu un site avec une offre de services.

Je me suis concentré sur ma zone de plaisir, à savoir l'écriture, même si je n'ai jamais eu d'expérience de chroniqueur par le passé. Mais écrire me procurait plus de plaisir que décrocher mon téléphone ou assister à des manifestations professionnelles (congrès, conférences, dîners...) où je n'aurais de toute manière pas su me vendre.
Mon raisonnement a été le suivant : au lieu de démarcher, j'ai choisi de susciter l'intérêt et de donner envie aux entreprises de me contacter.

Accepter de ne pas avoir comme appétence celle requise par l'emploi permet parfois de mieux comprendre les raisons d'un désengagement ou de difficultés à réaliser certaines missions. Au fond, peu importe la manière de réaliser les activités du moment qu'elle permet d'aboutir au résultat.

Puisqu'il n'est pas possible de se forcer à éprouver du plaisir, il faut envisager différentes options :

- se questionner sur la valeur ajoutée et la pertinence de maintenir l'activité ;
- trouver d'autres solutions dans le « comment faire » ;
- affecter la mission à une personne qui aimerait la traiter, si cela s'avère possible ;
- se rendre à l'évidence : la personne n'est pas adaptée à l'emploi.

Néanmoins, si une personne n'éprouve aucun plaisir à exercer un emploi mais que cela ne la dérange pas et que les résultats sont atteints, il me semble naturel de continuer la collaboration avec cette prise de conscience.

En revanche, si elle n'atteint pas les résultats et que la personne est malheureuse, et qu'il n'y a pas de solutions alternatives, la rupture contractuelle peut s'envisager. Sur ce dernier point, une remarque : sauf si vous considérez qu'une entreprise est redevable d'un emploi à vie, ce n'est pas un échec que d'arriver à la conclusion qu'il faille cesser la collaboration.

Envisager une rupture est toujours un sujet sensible. Si l'on éprouve plus de plaisir à travailler et qu'aucune solution n'est envisageable, vaut-il mieux maintenir la relation ou la cesser ? Bien évidemment, il n'y a pas de bonne réponse. La décision n'est pas ce qu'il y a de plus important. Le plus important est de se comporter en adulte et de se dire les choses. Si le salarié décide de rester, alors il doit accepter l'idée qu'il continuera d'exercer un métier qui ne lui procurera pas de plaisir et ne pas en vouloir à son employeur puisqu'aucune solution alternative n'a pu être trouvée.

Commentaires et préconisations

Cette pratique nécessite d'instaurer préalablement une réelle relation de confiance, d'échanger librement, avec authenticité et ouverture d'esprit sur d'autres manières d'atteindre le résultat, surtout lorsque le métier est composé d'activités dites « heuristiques ».

Il n'est pas nécessaire d'imposer de limites de temps dans l'exploration de nouveaux procédés. Le plus important est de s'autoriser à malmener les modes d'organisation ou de répartition des rôles si la personne est en capacité d'atteindre un résultat d'une autre manière.

Ils l'ont fait !

Salti

Jean-Sébastien Guiot, PDG de Salti, entreprise de location de matériel professionnel d'environ 400 salariés, a instauré en 2014 des entretiens informels périodiques d'expression des « plaisirs/déplaisirs » ressentis par les collaborateurs.

Selon lui, un collaborateur heureux aura plus de facilité à « enchanter » un client qu'un salarié qui ne l'est pas.

C'est pourquoi il a décidé d'instaurer, tous les quatre mois environ, des entretiens informels, en complément de l'entretien annuel, pendant lesquels les managers encouragent leurs collaborateurs à s'exprimer sur leurs sources de plaisir et de déplaisir au quotidien.

La périodicité de ces entretiens permet d'assurer un suivi régulier du niveau d'épanouissement des collaborateurs et d'être plus réactif lorsque des actions d'amélioration du niveau de plaisir s'avèrent opportunes.

Menés de manière informelle, fondés sur les principes d'authenticité et de liberté de parole, ces entretiens permettent aux collaborateurs d'aborder toute sorte de sujets avec leurs managers. Aucune information n'est communiquée à la direction exceptée si le collaborateur en exprime le souhait.

Cette démarche a été dans un premier temps expérimentée dans quelques agences puis, du fait du succès rencontré, a été généralisée à l'ensemble des collaborateurs.

Jean-Sébastien Guiot souligne que les premiers entretiens n'ont pas été si faciles que cela à mener, sans doute parce qu'il n'est pas habituel d'aborder la notion de plaisir et de déplaisir au travail. Mais une fois les premières appréhensions dépassées, les conditions dans lesquelles se déroule cet entretien (bienveillance, authenticité, écoute et liberté de parole) et le fait qu'ils se traduisent par la mise en œuvre d'actions d'amélioration du plaisir au travail, font que cet entretien est devenu un rituel à présent ancré dans les pratiques managériales.

La déclaration du niveau d'aimer-faire des activités de l'emploi

Si l'appréciation du niveau d'adéquation entre les appétences requises par l'emploi et celles déclarées par la personne est une première étape, elle peut être complétée par un système de déclaration croisant les concepts d'appétence et de compétence.

Les outils d'entretien annuel ont pour vocation d'évaluer le niveau d'adéquation entre les compétences requises par l'emploi et celles détenues par la personne et de procéder à un bilan des résultats atteints. De son côté, l'entretien professionnel a pour objectif de renforcer l'employabilité et d'explorer des pistes d'évolution professionnelle.

Il est rarement fait état du niveau de plaisir à assurer les activités que ce soit dans l'un ou l'autre entretien. C'est pourquoi nous avons conçu un nouvel outil qui permet de mixer aimer-faire et savoir-faire.

Utilisation proposée

Les étapes de mise en œuvre

- Étape 1 : à partir du contenu de la description de poste, demander au collaborateur de mentionner chaque activité dans l'un des quatre cadrans en fonction de ce qu'il :
  - aime et sait faire (zone de plaisir) ;
  - ne sait pas encore faire ou maîtriser mais aimera faire (zone de désir) ;
  - sait faire mais n'aime pas ou plus faire (zone de concession) ;
  - ne sait pas faire et n'aimera de toute manière pas faire (zone de résistance).

- Étape 2 : une fois les activités positionnées dans les cadrans :
  - pour les activités positionnées dans le cadran « savoir-faire –/aimer-faire + », échanger avec le collaborateur sur les actions d'acquisition des compétences à mettre en œuvre ;
  - pour les activités positionnées dans les cadrans « savoir-faire +/aimer-faire – » et « savoir-faire –/aimer-faire – », inviter le collaborateur à vous en exposer les raisons puis, selon les possibilités et le niveau d'autonomie décisionnelle, explorer des opportunités :
    - ✦ d'aménagement du procédé (le comment faire),
    - ✦ d'attribution de l'activité à une personne qui aimerait la prendre en charge.

Si aucune de ces deux possibilités n'est envisageable, il faudra alors se poser des questions sur la pertinence de maintenir le collaborateur à ce poste, sachant que cela dépendra de l'importance des activités que la personne n'aime pas faire.

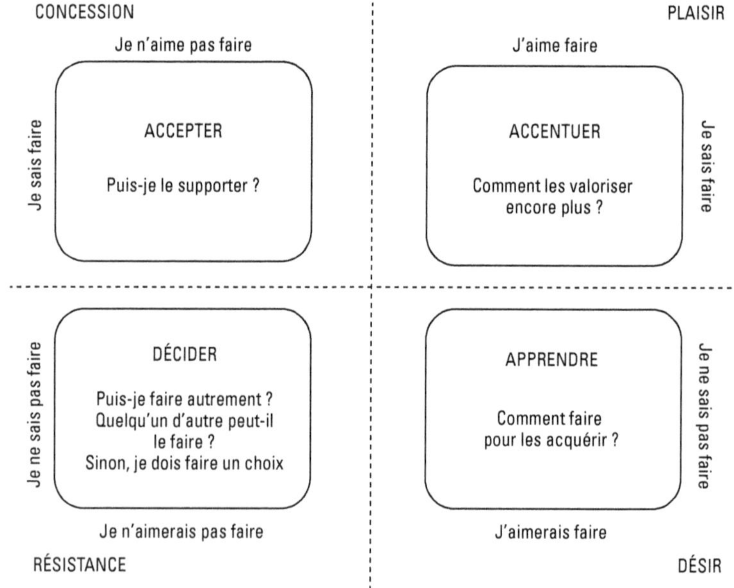

Outil n° 11. Grille d'affectation des activités savoir-faire (SF)/aimer-faire (AF) d'un emploi de manager

Commentaires et préconisations

Laisser aux salariés la pleine responsabilité des déclarations

Autant un manager peut donner son avis et son appréciation sur la déclaration du niveau de maîtrise des compétences d'un collaborateur, autant il ne saurait en être de même en ce qui concerne la déclaration du niveau de plaisir provoqué par l'activité.

La déclaration du niveau d'appétence et de compétence est en soi un acte de responsabilisation des salariés. Ces outils permettent, d'une certaine manière, de faire évoluer la relation d'un mode traditionnel « parent/enfant », au sein duquel le manager porte la responsabilité de la motivation et de la performance, vers un mode « adulte/adulte »[1], où le salarié se réapproprie son niveau de responsabilité, fait preuve d'initiatives et propose des solutions qui concilient ses besoins et ceux de l'entreprise.

C'est pourquoi le manager doit se garder d'influencer les déclarations des collaborateurs sur l'aimer-faire et les encourager à être force de proposition pour trouver des solutions alternatives lorsqu'ils déclarent ne pas aimer certaines activités.

Accepter les déclarations d'activités qui ne procurent pas de plaisir

Certains dirigeants se montrent réticents à l'idée d'adopter cet outil car ils appréhendent les affectations des activités dans les cadrans « Je n'aime pas », généralement pour deux raisons :

1. Ils sont mal à l'aise avec l'officialisation d'activités déplaisantes

Faut-il que toutes les activités contenues dans les descriptions de poste procurent du plaisir aux salariés ? Comme le rappelait Sigmund Freud, « la frustration fait partie de l'éducation et il est impossible, en société, de mener une vie exclusivement consacrée au plaisir[2] ». Il en est de même avec le travail : il semble difficile d'imaginer que toutes les activités puissent procurer du plaisir, mais quel est le taux d'acceptabilité d'activités déplaisantes ?

Bien qu'il n'y ait pas d'études sur ce sujet, il est raisonnable d'estimer à 30 % le pourcentage maximum d'activités qui ne procurent pas de plaisir ou qui provoquent du déplaisir. Au-delà, cela risque d'altérer l'épanouissement professionnel général du collaborateur.

1. Référence aux « trois états du moi » de l'analyse transactionnelle.
2. Sigmund Freud, *Malaise dans la civilisation*, Payot, 2013.

Il est extrêmement rare qu'une personne aime 100 % des activités qui lui sont confiées. C'est être adulte que d'accepter que tout ne puisse pas plaire. Il convient juste d'être vigilant pour que les activités déplaisantes ne soient pas majoritaires de manière à ne pas altérer l'épanouissement professionnel général.

2. Ils appréhendent les affectations des activités dans les cadrans « Je n'aime pas »

En premier lieu, découvrir des activités classées dans le cadran « Je n'aime pas faire » permet de mieux comprendre les raisons d'éventuelles tensions et résistances.

Oser déclarer des activités que l'on n'aime pas faire est d'abord un acte de courage, surtout au sein d'entreprises dont les styles de management sont de type paternaliste (peur de décevoir et d'altérer la relation), directif (peur d'être sanctionné), bureaucratique (peur de ne plus être reconnu) et leadership (peur de ne plus être récompensé).

Cette déclaration est plus aisée dans les entreprises qui ont adopté un style de management collaboratif dans la mesure où l'expression des émotions est autorisée ainsi que dans celles dont la culture managériale est de type coresponsable.

Qu'un collaborateur déclare qu'il n'aime pas une activité n'a rien de négatif en tant quel tel. Bien au contraire, c'est une marque de confiance et cela a pour mérite de mieux comprendre les origines d'un désengagement.

Si, en tant que manager, on accepte l'idée qu'un collaborateur n'aime pas tout faire et que l'on garde bien à l'esprit que l'entreprise n'est pas volontairement responsable de ce ressenti, qu'elle ne l'a pas provoqué, alors cette démarche permet d'explorer de nouvelles opportunités.

Les hypothèses sont multiples :

- les échanges peuvent aboutir à une remise en cause du bien-fondé de l'activité si elle ne présente pas de valeur ajouté pour l'entreprise,
- si l'activité est légitime, les modalités de réalisation peuvent être soumises à évolution de manière à ce qu'elles soient davantage sources d'épanouissement personnel,
- s'il n'est pas envisageable de supprimer cette activité ou d'en modifier le procédé, il revient alors au salarié d'évoquer son niveau d'acceptation : lui est-il possible de continuer à traiter cette activité en l'état ?
- si le nombre d'activités qui provoquent du déplaisir est élevé, est-il raisonnable de persévérer dans cette collaboration ?

Il arrive que cette démarche déclenche une prise de conscience de ne plus maintenir la personne dans un poste, mais cette décision est généralement mieux vécue par le collaborateur car elle ne résulte pas d'un jugement d'une insuffisance professionnelle formulée par un manager mais d'une déclaration faite par le collaborateur d'un niveau de déplaisir tel qu'il apparaît déraisonnable de laisser cette situation perdurer.

Cette grille peut être utilisée dans le cadre d'une démarche d'évaluation, de projets d'évolution professionnelle, de feed-back mais aussi de recadrage car elle permet parfois d'amener un collaborateur à prendre conscience que son désengagement peut être dû à l'absence de plaisir à réaliser les activités confiées.

Ils l'ont fait !

Tornos, Peretti

Dans le cadre de l'entretien annuel

Dans le cadre de sa stratégie de développement, la société Tornos, entreprise suisse de 650 salariés spécialisée dans la fabrication de machines-outils, a décidé d'aligner la philosophie et le contenu de son entretien annuel avec ses valeurs, et plus précisément les valeurs « partage » (privilégier le dialogue pour grandir ensemble) et « valorisation » (célébrer nos succès et apprendre de nos erreurs).

Suite à un contexte économique tendu, Michaël Hauser, CEO de l'entreprise, a initié une démarche de redynamisation de l'entreprise. L'entretien annuel rencontrait peu de succès, principalement parce qu'il débutait par un bilan des résultats ce qui, compte tenu des difficultés que rencontrait l'entreprise, avait tendance à générer des tensions dans les échanges.

Après réflexion, le contenu de l'entretien annuel a été modifié. Autrefois centré exclusivement sur les besoins de l'entreprise, l'entretien commence désormais par un échange entre managers et collaborateurs sur ce qui a été satisfaisant pour ce dernier sur l'exercice écoulé, ce qui été insatisfaisant et ce qui pourrait, de ce fait, être amélioré.

Le but de cette première partie d'entretien, intitulée « feed-back » et non plus « bilan », est de se centrer sur les ressentis des collaborateurs de manière à mieux comprendre ce qui a été source de plaisir et de déplaisir et surtout de les impliquer sur des actions d'amélioration.

Après avoir échangé de manière générale, l'entretien se poursuit par une déclaration par le collaborateur, pour chacune de ses missions, du niveau de savoir-faire et d'aimer-faire, à l'aide d'une mesure de 0 (pas du tout) à 3 (absolument).

Si le manager peut être amené à débattre sur le niveau de savoir-faire, seul le collaborateur est habilité à déclarer son niveau d'aimer-faire. Selon les déclarations, managers et collaborateurs identifient des actions d'amélioration ou de développement.

Ce nouveau format se veut plus constructif et responsabilisant. L'expression du niveau d'aimer-faire permet d'aborder plus sereinement les facteurs qui concourent au plaisir/déplaisir ressentis par les collaborateurs et d'explorer des pistes qui permettent de renforcer l'aimer-faire, en plus du savoir-faire.

Dans le cadre d'une démarche de feed-back

Cela faisait un certain temps que Marie-Noëlle Rey, secrétaire générale de l'entreprise Peretti, société de finitions en bâtiment de 150 salariés, rencontrait des difficultés avec Mathilde[1] en ce qui concerne l'exercice de ses missions d'animation d'équipe. Mais comment évoquer des carences managériales sans que cela soit mal vécu et que l'entretien ne tourne au règlement de comptes ? Surtout lorsque la personne, par ailleurs, est quelqu'un d'honnête et d'agréable.

Plutôt que de débuter l'entretien par l'énoncé des reproches, Marie-Noëlle Rey a décidé, après avoir précisé que le but de l'entretien consistait à faire un point sur le niveau de plaisir procuré par l'emploi occupé, d'inviter Mathilde à classer chacune de ses missions en fonction du niveau de compétence et de plaisir ressenti.

Cette démarche a permis à Mathilde de prendre conscience qu'elle n'éprouvait pas de plaisir à exercer certaines missions de management et a permis d'éviter d'entrer dans le jeu psychologique de victime/persécuteur (très courant dans ce genre de situation) et d'instaurer un rapport adulte/adulte.

Suite à cela, Mathilde a été invitée à sélectionner ses principales appétences ce qui, non seulement l'a confortée dans le fait qu'elle n'aimait pas manager une équipe, mais en plus lui a permis de conforter sa réflexion

1. Le prénom a volontairement été changé.

qu'elle menait par ailleurs depuis quelques temps sur une réorientation professionnelle.
Selon cette collaboratrice, « cette démarche s'avère très utile pour les salariés qui souhaitent évoluer et avancer dans leur parcours professionnel. Elle demande néanmoins une certaine prise de recul et suppose d'adopter un état d'esprit responsable et constructif ».
À l'issue de ces échanges, l'entreprise et la salariée se sont quittées en bons termes alors que cela n'aurait certainement pas été le cas si l'entreprise avait débuté l'entretien par l'évocation d'insuffisances professionnelles.

Prendre conscience du niveau d'attractivité des métiers

- Outil n° 12. Restitution du niveau d'attractivité des activités d'un métier (page 117).
- Outil n° 13. Restitution du niveau d'attractivité des fonctions d'une entreprise (page 119).

Finalité : prendre conscience du niveau de plaisir déclaré par plusieurs personnes pour un même métier de manière à identifier, si nécessaire, des actions de renforcement de l'attractivité.

La matrice de déclaration ci-dessus peut être également utilisée dans un cadre plus global et permet à une entreprise de bénéficier d'une perception d'ensemble du niveau d'attractivité des emplois qu'elle propose.

L'agrégation des déclarations faites par les salariés dans la grille d'affectation des activités savoir-faire (SF)/aimer-faire (AF) (outil n° 11) permet d'avoir une information intéressante à ce sujet, mais elle reste au niveau individuel.

Or, cette approche peut trouver un sens nouveau d'un point de vue global et permettre d'évaluer le niveau d'attractivité soit d'un emploi (outil n° 12), soit des différentes fonctions d'une entreprise (outil n° 13).

Son exploitation peut être particulièrement intéressante dans le cadre d'une réflexion sur l'évolution d'une organisation, de la création d'une nouvelle fonction/d'un emploi ou de la gestion des carrières. Elle permet également d'imaginer de nouveaux dispositifs ou de nouvelles pratiques professionnelles pour renforcer l'attractivité.

Utilisation proposée

Les étapes de mise en œuvre

- Étape 1 : inviter plusieurs collaborateurs à compléter individuellement le cadran « aimer-faire/savoir-faire » pour un métier ou une mission.
- Étape 2 : agréger les déclarations sous forme graphique.
- Étape 3 : échanger en groupe sur les résultats, notamment en ce qui concerne les activités ou les fonctions pour lesquelles le niveau d'aimer-faire est faible.

Identifier les causes de peu d'épanouissement provoqué par certaines activités comme :

- le peu d'intérêt de l'activité ;
- le manque d'autonomie ;
- un mode opératoire trop rigide et contraignant.

Et inviter les salariés à explorer des solutions :

- Doit-on conserver l'activité ?
- Peut-on modifier les conditions d'exercice ?
- Peut-on sous-traiter cette activité ?

Dans l'exemple évoqué dans l'outil n° 12, la restitution des déclarations individuelles des niveaux d'attractivité des activités de management met en évidence un manque d'attractivité des activités « gestion des tensions » et « innovation », pourtant nécessaires.

Fort de cette prise de conscience, l'entreprise peut alors explorer des solutions, sachant que le parti pris n'est pas d'organiser des formations, comme la plupart des entreprises ont tendance à le faire, puisque ces activités ne sont pas appréciées. Que feriez-vous ?

Prenons l'exemple du déplaisir déclaré par une majorité de managers en ce qui concerne l'activité de gestion des tensions. Tout d'abord, sauf à ce que tout le monde soit d'accord sur tout, il semble tout à fait compréhensible que des désaccords naissent suite aux différences de points de vue. Ce qui pose généralement problème n'est pas la divergence d'opinions en tant que telle mais les mauvais comportements qu'adoptent les personnes (agressivité, mépris...).

La solution classique des entreprises consiste à former les managers aux techniques de résolution des tensions. Par expérience, même si une personne est formée, si elle n'aime pas les tensions, elle aura tendance à les éviter plutôt qu'à les gérer. Mais comment faire autrement ? Si les managers ne sont pas à l'aise pour gérer les tensions, pourquoi ne pas transférer cette responsabilité aux collaborateurs ?

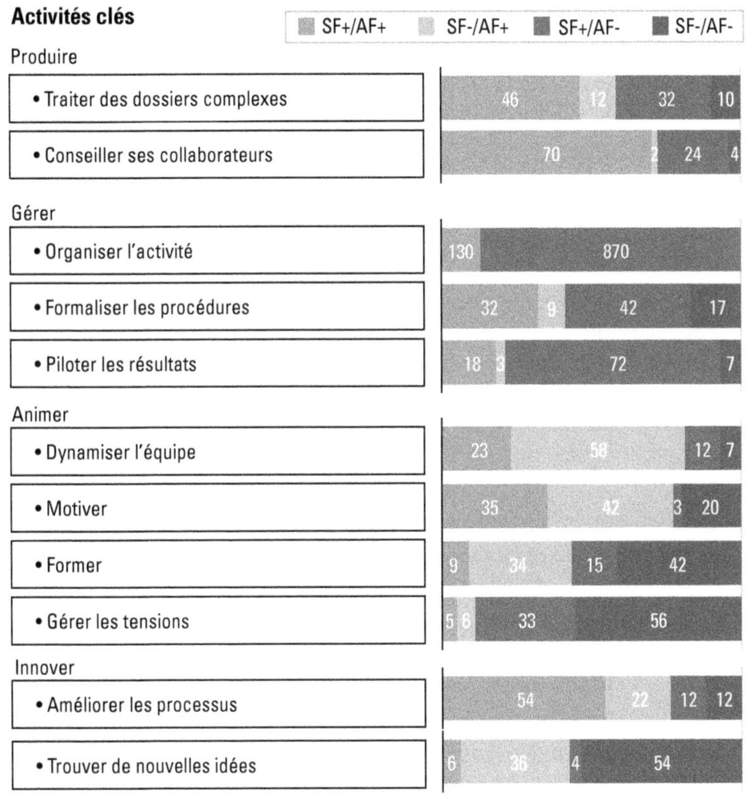

Outil n° 12. Restitution du niveau d'attractivité des activités d'un métier

Ils l'ont fait !

Morning Star

Chez Morning Star, société américaine de transformation de tomates, tous les salariés ont été formés aux techniques d'apaisement des tensions. L'entreprise considère que ses collaborateurs sont des adultes responsables et qu'il leur appartient de trouver des solutions aux tensions qu'ils sont inéluctablement amenés à vivre.

Les désaccords sont gérés selon un processus précis.

La première étape consiste à se réunir et essayer de trouver une solution. Si les protagonistes n'y sont pas parvenus, ils peuvent solliciter un ou plusieurs collègues qui joueront le rôle de médiateur pour les aider à sortir du conflit. Si, après cette étape, aucune solution n'est trouvée, la décision incombe alors au PDG, qui la prend de manière unilatérale puisque les personnes ne sont pas parvenues à trouver un accord.

En ce qui concerne le désintérêt déclaré par le management à trouver de nouvelles idées, pourquoi ne pas confier cette responsabilité aux salariés qui auraient la créativité, l'originalité, la conceptualisation comme appétences à travers des séances d'hackathon, comme le font AXA, Décathlon et la Banque nationale de France ? Pourquoi ne pas associer des clients, des prestataires, des start-up aux réflexions comme le font IBM et Pôle Emploi ?

La déclaration du manque d'appétence à traiter une activité peut représenter une réelle opportunité d'exploration de solutions innovantes autres que celles que les entreprises ont l'habitude de proposer.

La déclaration par tous les salariés du niveau de savoir-faire et d'aimer-faire des fonctions d'une entreprise peut également être utile pour évaluer le niveau d'attractivité de certains métiers.

Les résultats peuvent amener l'entreprise à en comprendre les raisons qui peuvent être diverses puisque, contrairement à l'exercice précédent, il ne s'agit pas de demander aux titulaires d'un emploi de se positionner par rapport à leur métier mais d'inviter les salariés à exprimer leurs ressentis, leurs attraits vis-à-vis de différentes fonctions.

La restitution de la grille peut déclencher un plan d'actions, notamment dans le cadre d'une stratégie d'évolution des métiers et de reconversions professionnelles.

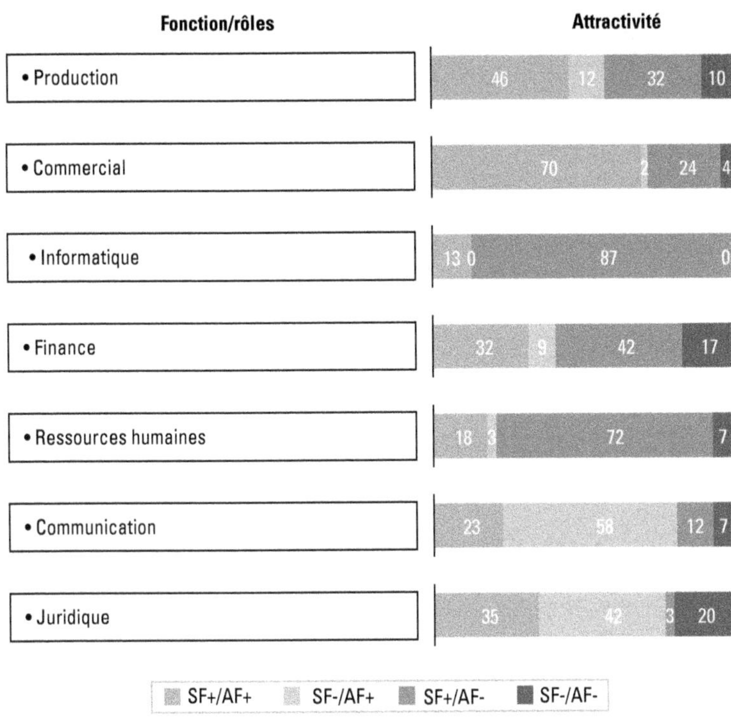

Outil n° 13. Restitution du niveau d'attractivité des fonctions d'une entreprise

Commentaires et préconisations

Afin d'éviter que cette démarche soit mal prise par certains salariés qui n'apprécieraient pas que l'on juge leur métier, il convient d'être prudent en ce qui concerne l'annonce. Certaines entreprises la présentent comme étant une base de réflexion sur le plaisir au travail, l'attractivité en matière de recrutement, de maintien de l'engagement ou de la collaboration.

Il ne s'agit en aucun cas de juger mais d'apprécier le niveau d'attractivité des métiers par l'ensemble de salariés de manière à prendre conscience de ce qu'il serait pertinent de faire pour renforcer l'attractivité de certains métiers.

Cette approche aboutit généralement à la mise en œuvre de dispositifs de découverte des métiers tels que les « Vis ma vie », ou à des présentations de métiers lors de réunions périodiques ou de manifestations, comme le fait BlaBlaCar avec ses réunions hebdomadaires – « BlaBlaTalk » – pendant lesquelles un département présente à l'entreprise son métier, ses réalisations et ses projets.

Cette initiative peut également aboutir à des outils de présentation des métiers sous forme de documentations, de courtes vidéos où les personnes qui occupent ces fonctions témoignent des plaisirs que leur procure leur métier ou de tout autre moyen d'information plus ou moins ludique (quizz, jeux de rôles...).

Maintenir le niveau d'engagement

- Outil n° 14. Document d'illustration du niveau de valorisation des appétences dans l'emploi (page 126).
- Outil n° 15. Document de propositions de valorisation des appétences (page 128).
- Outil n° 16. Cartographie de restitution de propositions de contributions individuelles au sein d'un groupe (page 131).

Finalité : impliquer et responsabiliser les salariés sur l'identification d'actions de maintien et de développement de leur épanouissement professionnel.

En 1943, Allport définit l'engagement comme « une attitude active au travail ». En 1956, Dubin ajoute une notion de « satisfaction personnelle des besoins au travail » et, en 1969, Siegel résume la notion d'engagement comme « la contribution volontaire d'un collaborateur à honorer, voire dépasser les attentes placées en lui ».

Il n'y a encore pas si longtemps, il était communément admis de consacrer toute sa carrière à travailler au sein d'une seule et même entreprise. Entreprises et salariés passaient un contrat implicite et moral de fidélité et de loyauté réciproque sur le long terme.

Consacrer toute sa carrière à une entreprise supposait d'accepter de rester impliqué, même dans les moments où l'on ressentait de la lassitude. Le besoin d'appartenance était plus important que celui de l'épanouissement personnel. Mais depuis quelques années, ce contrat s'est transformé.

Les entreprises qui ont un taux d'engagement de leurs salariés élevé déclarent :
– une augmentation de :
21 % de profit
17 % de productivité
10 % de satisfaction client
– une diminution de :
41 % d'absentéisme
70 % d'accidents du travail[1].

Des salariés qui veulent être épanouis tout de suite

L'entrée dans le XXIe siècle a été marquée par une évolution profonde des comportements. Les personnes veulent à présent que leurs besoins soient satisfaits rapidement et qu'ils soient pris en compte en fonction de leurs spécificités. Ils veulent être heureux tout de suite et n'acceptent plus d'attendre.

Cette évolution des attentes malmène les modèles traditionnels de management et remettent en cause certains concepts, notamment la célèbre pyramide de satisfaction des besoins d'Abraham Maslow[2] qui pose comme principe qu'un être humain cherche à satisfaire des besoins dans un ordre précis. Selon ce psychologue, un être humain chercherait à satisfaire, dans cet ordre :

- les besoins physiologiques (faim, soif, sexualité, habitat, repos…) ;
- les besoins de sécurité (environnement stable et prévisible, sans anxiété ni crise) ;
- les besoins d'appartenance (affection des autres) ;

1. Brandon Rigoni et Bailey Nelson, « Few Millennials Are Engaged at Work », *Gallup News*, 30 août 2016.
2. Abraham Maslow, « A theory of human motivation », *Psychological Review*, 1943.

- les besoins d'estime (confiance et respect de soi, reconnaissance des autres) ;
- le besoin d'accomplissement de soi (s'épanouir, se développer personnellement).

Cette pyramide a été conçue dans les années 1940, à une époque où la quiétude et le bien-être s'obtenaient par la conformité aux règles édictées par le collectif (société, entreprise). Ce n'était qu'après avoir obtenu la reconnaissance des autres qu'une personne pouvait penser à elle et s'autoriser à se faire plaisir. Ce n'est plus le cas aujourd'hui.

La montée de l'individualisme[1] et de l'égocentrisme[2] fait que les Français ne veulent plus attendre la retraite pour s'autoriser à se faire plaisir. Le besoin d'épanouissement n'est plus en cinquième position mais arrive à présent avant les besoins de reconnaissance et d'estime de soi.

Ramené à l'entreprise, les salariés veulent être heureux tout de suite et, lorsqu'ils ne le sont pas, n'hésitent pas à le faire savoir (bon nombre d'enquêtes internes le leur permettent d'ailleurs), voire à se démettre pour rejoindre une entreprise où ils éprouveront plus de plaisir, quitte à réduire leur niveau de vie.

Des salariés qui s'ennuient plus vite

Le désengagement est un phénomène naturel qui a été très bien décrit par Frederic Hudson dans son modèle intitulé le « cycle de vie ».

Selon les estimations de l'époque, il fallait en moyenne sept ans pour passer de la phase 1 à la phase 3. Compte tenu de l'accélération du rythme de vie actuel et du nouveau rapport au temps, on peut assez légitimement considérer que le cycle est à présent d'environ deux ans.

Comment une entreprise peut-elle gérer un cycle aussi court ? Il est clair que les outils de gestion des ressources humaines ne sont pas adaptés à cette accélération du changement des besoins individuels.

1. L'individualisme, au sens philosophique, fait « prévaloir les droits de l'individu sur ceux de la société » (source : Littré).
2. Le mot « égocentrisme » est utilisé dans le sens « se focaliser sur ses besoins avant ceux des autres ».

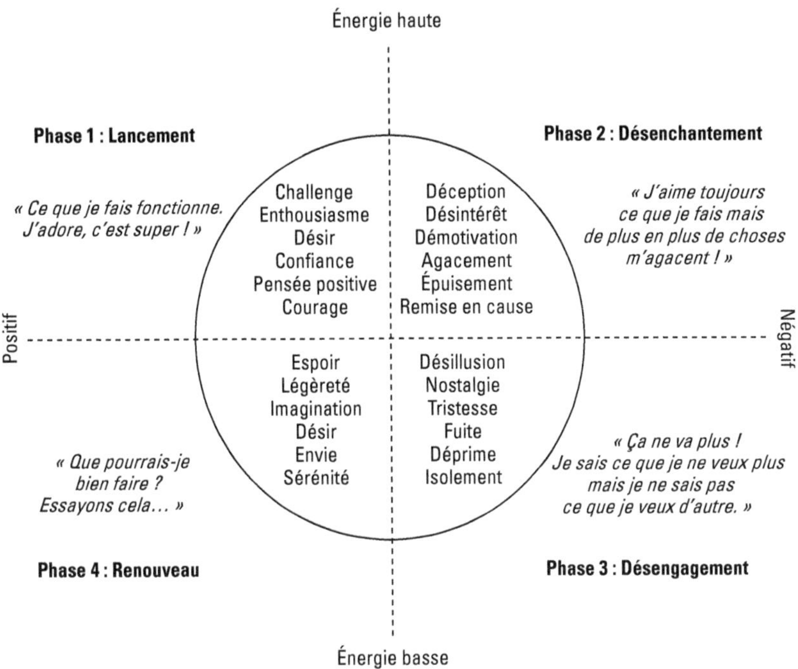

Figure 6. Le cycle de vie de Hudson

Des salariés en majorité ni engagés, ni désengagés

La société américaine Gallup analyse régulièrement l'évolution des niveaux d'engagement des salariés dans différents pays du monde.

À ce titre, elle distingue trois catégories de salariés :

- les salariés désengagés ;
- les salariés non engagés ;
- les salariés engagés.

Engagement des salariés en 2016

Dans le monde :
18 % sont désengagés ;
67 % sont non engagés ;
15 % sont engagés.

En France :
25 % sont désengagés ;
65 % sont non engagés ;
10 % sont engagés[1].

D'après cet institut, le coût du désengagement aux États-Unis est estimé en 2016 entre 483 et 605 milliards de dollars américains et à 60 milliards pour la France. Par ailleurs, l'étude sur l'Indice de bien-être au travail (IBET) réalisée pour la France en 2015 conclue à un coût du désengagement de 11 000 euros par an par salarié[2]. C'est énorme ! Et plus l'entreprise est grande, plus l'engagement des collaborateurs diminue[3].

Le maintien de l'engagement dans la durée est devenu un vrai défi pour les entreprises, qu'elles ne peuvent plus relever seules. Il leur faut à présent coconstruire les conditions de l'engagement avec leurs collaborateurs.

Or, les outils de gestion des ressources humaines ont avant tout été conçus par et pour l'entreprise. L'entretien d'évaluation a été créé pour évaluer le niveau de conformité des résultats des collaborateurs aux attentes de l'entreprise, pas leur niveau d'engagement.

Il y a bien l'entretien professionnel mis en place par le gouvernement Hollande en mars 2014 dans le but d'impliquer les entreprises dans le renforcement du niveau d'employabilité de leurs salariés, afin de lutter contre le chômage, mais les entreprises semblent rencontrer des difficultés d'appropriation de ce dispositif centré sur les besoins individuels des salariés.

Motiver et provoquer l'engagement sont deux démarches différentes. Alors que la motivation est généralement du ressort de l'entreprise qui doit donner envie au salarié de s'impliquer, l'engagement est de la responsabilité de chaque salarié ou, plus précisément, l'engagement est une coresponsabilité entre l'entreprise et chacun des collaborateurs.

Dans ses « théories X et Y » élaborées dans les années 1960, Douglas McGregor a mis en avant les deux perceptions que peut avoir une organisation sur l'être humain au travail.

1. Enquête Gallup réalisée en 2016 sur l'engagement des salariés dans le monde.
2. Enquête IBET (Indice de bien-être au travail) 2015 réalisée par Mozart Consulting et le groupe Apicil.
3. Measuring Wellbeing, OCDE, p. 235.

La théorie X part du présupposé que l'homme n'aime pas le travail et l'évitera autant que possible, qu'il n'aime pas les responsabilités, qu'il préfère être dirigé et contrôlé et soumis à un système de récompenses fondé sur le principe du bâton et de la carotte.

À l'inverse, la théorie Y considère que l'homme éprouve du plaisir à travailler, qu'il recherche les responsabilités et qu'il est capable de s'auto-organiser pour se réaliser pleinement.

Nous ne disposons d'aucune donnée qui nous permette de connaître le pourcentage de salariés X et Y en France, mais il est possible d'émettre l'hypothèse que le nombre de salariés X ne dépasse pas 15 %. La majorité des salariés serait donc prédisposée à devenir responsable de son épanouissement professionnel si l'entreprise le lui permettait.

C'est dans cet état d'esprit qu'ont été conçus les outils et matrices que vous allez découvrir.

L'évaluation du niveau de valorisation des appétences dans son emploi

Plutôt que de s'évertuer à vouloir motiver une personne, mieux vaut l'amener à prendre conscience des raisons pour lesquelles elle n'éprouverait pas de plaisir dans son travail, de manière à l'inviter à proposer des actions qui pourraient nourrir ses appétences.

Utilisation proposée

Les étapes de mise en œuvre

- Étape 1 : inviter le collaborateur à sélectionner ses cinq principales appétences.
- Étape 2 : lui demander de noter le niveau de valorisation de chacune de ses appétences dans son emploi actuel, par exemple à l'aide de l'échelle de notation suivante :
  - 1 : très insatisfaisant ;
  - 2 : insatisfaisant ;
  - 3 : satisfaisant ;
  - 4 : très satisfaisant.

Afin de mieux comprendre son appréciation, lui demander d'illustrer sa notation.

- Étape 3 : dans le cas où les appétences ne seraient pas suffisamment utilisées, l'inviter à proposer des actions susceptibles de valoriser ses appétences dans son emploi actuel.
- Étape 4 : échanger sur la possibilité de valider les actions proposées.

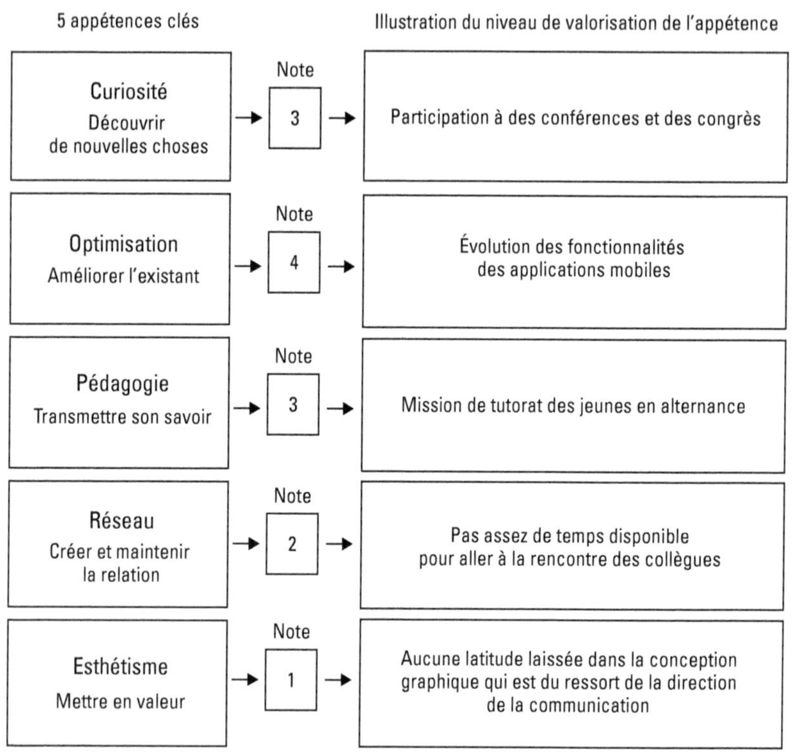

Outil n° 14. Document d'illustration du niveau de valorisation des appétences dans l'emploi

Commentaires et préconisations

Cette démarche a pour objectif de permettre à une personne d'identifier si sa source de démotivation pourrait être due à l'absence de valorisation de ses appétences.

Si tel est le cas, l'entreprise et le salarié peuvent explorer des opportunités de valorisation des appétences.

La proposition d'actions de valorisation de ses appétences, pour soi

Plutôt que de conseiller un collaborateur sur ses axes de développement, bien souvent pour l'amener au niveau de conformité attendu, mieux vaut lui laisser suggérer des actions qui mobiliseraient ses appétences et lui permettraient d'être force de proposition, non seulement dans le cadre de son emploi, mais aussi au niveau de l'équipe, d'un projet existant ou en lui permettant de prendre une initiative en dehors des actions prévues par l'entreprise.

Cette pratique est courante dans certaines entreprises, notamment en ce qui concerne l'expression de nouvelles idées (3M, Google, Favi, WLGore…).

Utilisation proposée

Les étapes de mise en œuvre

- Étape 1 : inviter le collaborateur à sélectionner ses cinq appétences.
- Étape 2 : lui demander d'explorer des opportunités de valorisation de ses appétences à quatre niveaux :
  - au sein de son emploi ;
  - au niveau de l'équipe ;
  - dans le cadre de projets existants ;
  - sur la base d'une idée ou d'une envie.

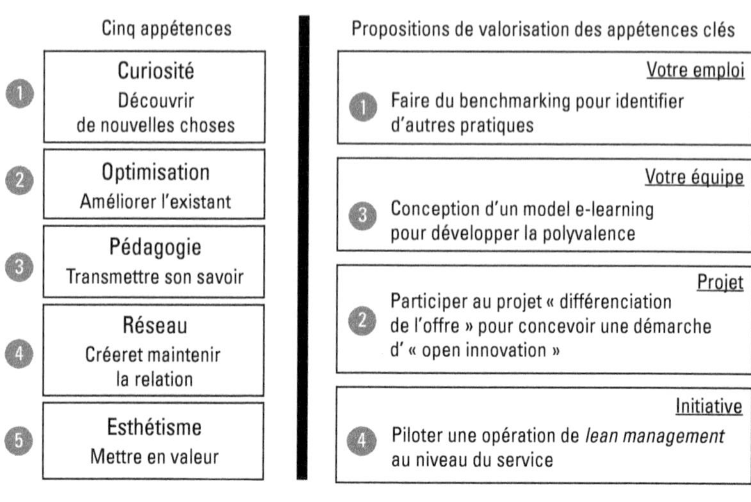

Outil n° 15. Document de propositions de valorisation des appétences

Commentaires et préconisations

Cet exercice est de la stricte responsabilité du collaborateur. Sauf à ce qu'il demande l'avis de son manager, ce dernier doit se garder d'influencer sa réflexion puisque nous sommes avant tout dans une logique de responsabilisation. J'en conviens, cela n'est pas toujours évident lorsque depuis des décennies l'on attend des managers qu'ils prodiguent leurs conseils et prennent en charge le développement professionnel de leurs collaborateurs.

Ils l'ont fait !

RTE

Arrivé à la direction du centre d'exploitation Lille de RTE en 2013, François Boulet a réuni son comité de direction en vue de définir les principales valeurs autour desquelles il souhaitait impulser une dynamique de changement des modes de collaboration de son équipe de 70 collaborateurs.

L'une des valeurs, intitulée « Être auteur de son épanouissement », a constitué le point de départ d'une démarche de responsabilisation des collaborateurs en matière de développement de leur plaisir au travail.
Depuis 2015, dans le cadre de l'entretien annuel, les salariés ont la possibilité d'échanger avec leurs managers sur ce qu'ils aiment et n'aiment pas faire et de proposer des actions qui soient source d'épanouissement professionnel et créent de nouvelles valeurs pour l'entreprise.
À titre d'exemple, un collaborateur anime à présent des conférences lors des visites du showroom en plus de sa fonction, un autre publie des communications mensuelles dans le domaine de la sécurité.
Si cette démarche est encouragée par la direction, elle reste cependant fondée sur le volontariat. Elle permet aux collaborateurs qui le souhaitent de proposer des actions qui les motivent et qui sont bénéfiques pour l'entreprise. Pour certains, notamment ceux qui ont des métiers répétitifs, elle permet de s'aventurer dans de nouvelles activités et souvent d'acquérir de nouvelles compétences.
Managers et collaborateurs s'entendent à présent sur la codéfinition d'objectifs qui concilient satisfaction personnelle et performance professionnelle.

La proposition d'actions de valorisation de ses appétences, pour l'entreprise

L'ancrage de la pensée taylorienne, et plus particulièrement de la division du travail, fait qu'il n'est pas toujours évident, pour certaines personnes, de s'autoriser à exprimer des envies ou des idées en dehors du périmètre de responsabilité de son emploi.

Que penser d'un comptable qui propose de transformer le site Internet de l'entreprise pour le rendre plus attractif alors qu'il n'est ni informaticien ni un professionnel de la communication externe ? Combien de responsables informatiques ou de communication externe accepteraient qu'un tiers, qui n'est pas du métier, s'immisce dans son périmètre de responsabilité ? Et pourtant, il se peut que la personne employée en qualité de comptable dispose d'aptitudes méconnues par l'entreprise qui pourraient lui être utiles.

Puisqu'il n'est pas toujours évident d'autoriser et/ou de s'autoriser à exprimer des actions de valorisation de ses appétences en dehors de son périmètre de responsabilité dans le cadre d'entretiens individuels, les moments de rassemblement d'un collectif, que ce soit des réunions d'équipes, des groupes de travail ou des séminaires d'entreprise, peuvent être d'excellentes opportunités pour légitimer ce genre d'initiatives.

Utilisation proposée

Les étapes de mise en œuvre

Dans le cadre d'une réunion collective (séminaire, groupe de travail...) :

- Étape 1 : demander aux participants de sélectionner leurs cinq appétences.
- Étape 2 : les inviter, s'ils le souhaitent, à rédiger une à deux proposition(s) de valorisation de leurs appétences sur un post-it après leur avoir présenté les différents niveaux d'engagement qui peuvent-être :
  - leur équipe ;
  - leur direction ;
  - les projets ;
  - l'entreprise ;
  - l'environnement de l'entreprise (clients, fournisseurs, partenaires...).
- Étape 3 : demander aux personnes qui souhaitent proposer une action de la présenter aux autres participants et de coller le post-it sur le niveau concerné, soit sur la partie « amélioration de l'existant », soit sur la partie « nouveauté ».
- Étape 4 : hiérarchiser les actions proposées au niveau collectif sur la base de critères de priorisation, comme :
  - facilité de mise en œuvre ;
  - rapidité de mise en œuvre ;
  - coût requis ;
  - pouvoir d'action ;
  - impact et bénéfices pour l'entreprise et/ou les collaborateurs.

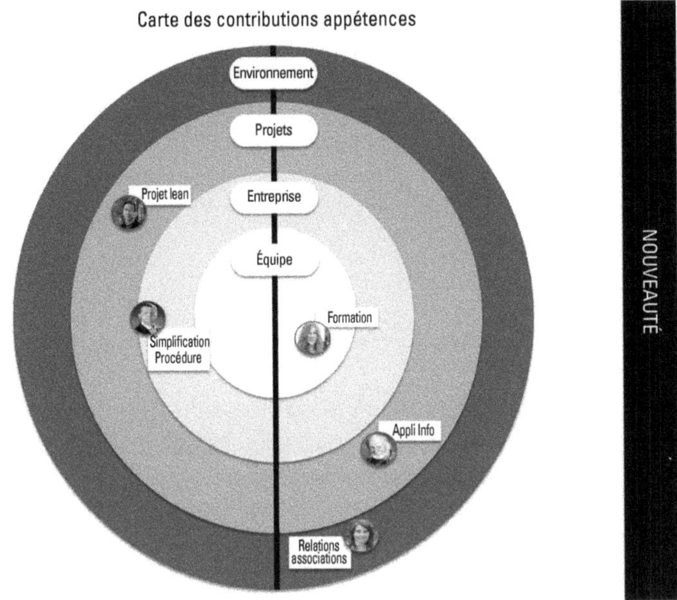

Outil n° 16. Cartographie de restitution de propositions de contributions individuelles au sein d'un groupe

Commentaires et préconisations

Cet exercice ne peut être pratiqué qu'après avoir officiellement « autorisé » les personnes à s'exprimer et à être force de proposition au-delà de leurs périmètres d'action et de responsabilité habituels.

Cette autorisation doit être sincèrement partagée au minimum par les membres de la gouvernance, idéalement par tous les managers. L'engagement sera d'autant plus fort qu'il sera légitimé par une valeur d'entreprise ou un principe collaboratif.

Les actions devront être pilotées comme tout autre projet, sachant qu'il peut être opportun d'instaurer une « communauté » ou une « cellule » en charge du suivi de la mise en œuvre.

Ils l'ont fait !

Mazars, Décathlon

Dans le cadre du processus d'accès au statut de « senior manager »

Mazars, entreprise internationale de 19 000 salariés spécialisée dans l'audit, l'expertise comptable, la fiscalité et le conseil aux entreprises, organise une fois par an une journée de séminaire pour les collaborateurs promus « senior manager ».

Le but de ce séminaire est d'amener les participants à proposer une action sur la base de leurs appétences. Après avoir exploré ce qui leur procure du plaisir, les participants imaginent un projet qu'ils ont envie de mettre en œuvre.

À titre d'exemple, un senior manager féru de cuisine et ancien professionnel de la restauration et de l'hôtellerie, a proposé de concevoir une nouvelle offre de services adaptée à ce secteur d'activité.

Mathilde Le Coz, directrice de l'innovation RH, précise que les seniors managers sont libres de proposer ce qu'ils veulent, que l'entreprise, dans la mesure où elle les a nommés à ce niveau de responsabilité, leur fait totalement confiance et leur laisse carte blanche pour concrétiser leur projet.

Dans le cadre d'une stratégie de développement du plaisir au travail

Chez Décathlon, tous les collaborateurs sont interrogés une fois par trimestre sur leur niveau de plaisir au travail, *via* un questionnaire anonyme. Les résultats sont partagés au sein des équipes de manière à identifier collectivement ce qu'il convient de faire pour passer d'un score qui est en moyenne de 80 % à 100 %.

En contact régulier avec des clients passionnés de sport, quoi de plus normal que de s'intéresser aux passions de leurs collaborateurs ?

Conscient des limites parfois frustrantes que peuvent générer des modes de management traditionnels, cette enseigne a décidé de libérer les talents et les idées de ses collaborateurs.

L'expression d'idées d'amélioration, quelle qu'en soit la nature (organisation, processus, offre, relation client...), peut provenir soit d'idées de collaborateurs, soit être le fruit d'échanges entre collaborateurs et leaders, ces derniers étant encouragés à susciter des envies d'initiatives et les soutenir dans leur réalisation.

L'enseigne, élue en 2017 « 1re entreprise où il fait bon travailler » par Great Place To Work, propose de libérer jusqu'à 30 % du temps d'un collaborateur pour lui permettre de concrétiser son idée, sachant qu'elle s'arrange pour trouver des solutions pour remplacer le collaborateur durant le temps qu'il consacre à son projet.
C'est ainsi, par exemple, qu'un collaborateur a pu renforcer la présence de Décathlon au niveau local sur les réseaux sociaux.

Renforcer la cohésion au sein des équipes

- Outil n° 17. Cartographie des appétences d'une équipe (page 140).
- Outil n° 18. Cartographie du niveau d'adéquation entre appétences requises et déclarées (page 144).
- Outil n° 19. Document de restitution d'un groupe : « J'aime/Je n'aime pas » (page 148).

Finalité : responsabiliser les équipes sur l'amélioration du plaisir qu'ils ont à travailler ensemble.

La collaboration se limite souvent aux interactions liées aux processus métiers, les salariés se connaissent principalement à travers leurs fonctions, leurs rôles ou leurs compétences techniques, mais rarement par leurs appétences, surtout lorsqu'ils ne sont pas amenés à travailler ensemble.

Or, prendre connaissance des appétences de ses collègues, directs ou plus éloignés, avec lesquels on travaille ou non, peut s'avérer précieux, notamment lorsque l'on souhaite renforcer la solidarité et la complémentarité.

Tout comme certaines entreprises mettent en avant les bénéfices des apports mutuels entre personnes de générations différentes par des dispositifs comme le « *reverse mentoring* », le management transverse des appétences offre de nouvelles perspectives dont celles de pouvoir développer le soutien mutuel au-delà des rôles et responsabilités définis dans un organigramme.

Instaurer un système de « référents appétences »

Qu'un manager connaisse les appétences de chacun de ses collaborateurs est déjà une bonne chose, mais mettre à disposition cette information au niveau d'un département, d'une direction, voire de l'entreprise toute entière, peut s'avérer très utile.

Disposer d'une base de données au sein de laquelle sont mentionnées les appétences des collaborateurs permet de pouvoir les solliciter ponctuellement dans le cadre de groupes de travail ou de projets.

Cette approche suppose de s'affranchir de la légitimité d'action fondée exclusivement sur la fonction et le statut. Il s'agit davantage d'instaurer une logique de soutien mutuel informel qui transcende les silos fonctionnels que de formaliser un nouveau mode d'organisation.

Sans que cette liste soit exhaustive, vous trouverez ci-dessous des illustrations d'occasions où la mobilisation de certaines appétences spécifiques peut s'avérer opportune :

- ENGAGEMENT :
  - lors du démarrage d'un projet,
  - au début de la création d'une entité ou d'une entreprise,
  - dans une culture de proximité « terrain » où l'action prime sur la réflexion,
  - lorsqu'une situation est « bloquée », lorsqu'un projet n'avance pas et qu'il y a urgence à agir ;
- STRUCTURATION :
  - lors de la définition d'un projet ou d'une organisation,
  - pour des métiers qui nécessitent une forte dimension organisationnelle,
  - lorsqu'un projet « tourne en rond »,
  - lorsque le respect des règles est capital,
  - dans le cadre de démarches et de certifications réglementaires,
  - lorsqu'un suivi rigoureux s'avère indispensable ;
- CHALLENGE :
  - lorsqu'il faut mettre en œuvre une stratégie ambitieuse,
  - quand il y a beaucoup de résistance dans la mise en œuvre d'un projet,
  - lors de situations difficiles ou complexes,

- en cas de concurrence « agressive »,
- lorsque les conditions de succès ne sont pas toutes réunies ;

COMPÉTITION :

- dans des environnements concurrentiels,
- au sein d'une culture centrée sur la performance,
- lorsque la stratégie repose sur le dépassement de soi et/ou l'émulation collective,
- lors de la commercialisation d'un nouveau produit, service,
- au sein d'entreprises qui reconnaissent par les « prix », des « défis » ;

ADAPTATION :

- dans un environnement extrêmement mouvant,
- dans un contexte de nombreux changements, projets,
- lorsque la pérennité repose sur de la flexibilité,
- au sein d'organisations matricielles, agiles, « libérées » ;

PERSÉVÉRANCE :

- lorsqu'un projet doit aboutir coûte que coûte,
- dans un contexte de changement avec de fortes résistances,
- en cas d'obstacles qui surviennent de manière imprévue,
- dans des métiers qui requièrent parfois un certain temps pour atteindre un objectif (la fonction de recouvrement par exemple) ;

OPTIMISME :

- lorsqu'il faut générer de l'enthousiasme et un état d'esprit positif,
- lors d'un contexte morose ou inquiétant,
- lorsque l'activité nécessite une cohésion d'équipe,
- lors du lancement d'un projet innovant, disruptif ;

EXPLORATION :

- lorsqu'un choix nécessite d'être étayé par des données ou des informations précises,
- quand il convient de « monter un dossier » de présentation ou de négociation,
- lorsqu'on doit apprendre un nouveau sujet,
- quand une décision doit être étayée par des données qu'il est difficile de trouver ;

OPTIMISATION :

- dans le cadre d'une démarche d'amélioration continue,
- lorsque les offres nécessitent d'être améliorées,

- lors de recherches d'économies, de gain de temps,
- lors d'animation de groupes de réflexion ou de travail,
- en cas de baisse de productivité, de qualité, de rentabilité ;

INTUITION :

- lorsqu'une décision doit être rapidement prise sans avoir le temps de la réflexion ou sans pouvoir disposer de toutes les informations requises,
- lorsqu'il faut décider d'une orientation, d'une direction dans une situation non connue,
- quand il faut prédire dans l'urgence les conséquences d'une décision, d'un événement ;

PENSÉE CRITIQUE :

- lorsqu'une validation est nécessaire,
- en cas de crise ou de situation à risque,
- pour éprouver la fiabilité et la validité d'un concept, d'une théorie, d'une méthode, d'un processus,
- lorsqu'il faut avoir un argumentaire convaincant, logique et rationnel,
- quand il importe d'évaluer les risques ;

CRÉATIVITÉ :

- lorsqu'il est nécessaire de répondre à de nouveaux besoins,
- quand les solutions habituelles sont inefficaces,
- lorsque la stratégie repose sur la création de nouveaux besoins,
- dans le cadre de stratégies de différenciation ;

RÉSOLUTION :

- en cas de problème, face à une difficulté,
- lorsque qu'un état « quitté » doit être « retrouvé »,
- dans le cadre de démarches d'amélioration continue ;

DÉBROUILLARDISE :

- quand il faut atteindre un résultat sans disposer de tous les moyens,
- lorsqu'il faut improviser rapidement,
- lorsque les solutions testées ne marchent pas,
- en cas d'urgence, quand il faut trouver une solution avec les « moyens du bord » ;

VISION :

- lors de l'imagination d'un projet, d'un service, d'un produit,
- lorsqu'il est nécessaire de définir une vision, de se projeter dans l'avenir,

- quand l'activité requiert une capacité à anticiper les changements,
- quand une entreprise doit repenser son offre de service ;

- CURIOSITÉ :
  - lorsqu'il faut mener un projet nouveau à court terme,
  - lorsqu'il convient de s'intéresser à de nouvelles opportunités, de diversifier son offre,
  - lors des phases de mise en œuvre d'une solution, d'un projet ;
- STRATÉGIE :
  - lorsqu'il faut sélectionner un projet d'avenir,
  - lorsqu'il faut choisir une direction,
  - lorsqu'il faut réagir rapidement suite à un problème ou en cas d'échec ;
- CONCEPTUALISATION :
  - lorsqu'il faut inventer de nouvelles idées, théories,
  - lorsqu'il faut présenter des informations de manière synthétique et simple,
  - quand il convient de proposer une nouveauté ;
- ORIGINALITÉ :
  - lorsqu'il convient de se démarquer, de se différencier de ses concurrents, de surprendre ses clients,
  - quand il faut concevoir des produits ou services qui n'existent pas,
  - quand le critère de succès d'une mission repose sur la nouveauté qu'elle représente ;
- ESTHÉTISME :
  - lorsque l'image a une importance dans la communication d'un projet ou d'une présentation,
  - lorsqu'il faut mettre en valeur une offre,
  - quand il convient de provoquer des émotions ;
- EMPATHIE :
  - lorsqu'une activité nécessite de comprendre les perceptions et les ressentis des personnes,
  - quand il convient de décider au regard de ce que pourraient penser les autres,
  - dans le cadre de négociations, lorsqu'il faut comprendre les différents points de vue,
  - dans le cadre d'un changement, pour identifier les résistances potentielles ;

- MÉDIATION :
  - lorsqu'il faut sortir des conflits, apaiser des tensions,
  - quand des personnes ne parviennent pas à se décider entre elles,
  - lorsqu'il faut intégrer et concilier différents points de vue, différentes logiques dans un projet,
  - dans des cultures centrées sur les personnes ;
- NARRATION :
  - lorsqu'il faut rendre un projet dynamique,
  - quand il faut présenter un sujet de manière originale et ludique,
  - au moment de la phase de présentation et de restitution d'une mission, d'un projet,
  - quand il faut attirer l'attention ;
- FÉDÉRATION :
  - lorsqu'il faut renforcer l'appartenance,
  - quand il convient d'impulser une dynamique collective,
  - lorsqu'un projet nécessite un bon niveau de cohésion d'équipe,
  - lors de l'intégration de nouveaux collaborateurs ou lors de la phase de constitution d'une équipe ;
- PERSONNALISATION :
  - lorsqu'il faut travailler au sein d'équipes multiculturelles, multi-générationnelles…,
  - quand il faut constituer des équipes composées de domaines d'expertise différents,
  - lorsque le contexte et les enjeux nécessitent de s'adapter à chaque personnalité,
  - quand il convient de comprendre le fonctionnement, le comportement ou l'attitude d'une personne ;
- RÉSEAU :
  - quand il faut initier de nouveaux contacts,
  - lorsque l'activité repose sur un réseau relationnel,
  - quand il faut fidéliser, renforcer le sentiment d'appartenance,
  - lorsqu'un projet dépend de la cohésion de l'équipe,
  - dans un environnement où les rapports humains sont prédominants (associatif, service…) ;

- LEADERSHIP :
  - lorsque le groupe demande à être guidé par une personne,
  - lorsqu'il faut mettre en œuvre un projet qui risque de rencontrer de la résistance,
  - quand il faut susciter l'adhésion d'une équipe,
  - lorsque les collaborateurs sont hésitants ;
- SERVIABILITÉ :
  - lorsque l'activité est fondée sur la notion de service,
  - en cas de manifestation de mécontentements de personnes vis-à-vis d'autres personnes,
  - lorsque la dynamique de groupe repose sur les engagements réciproques,
  - lorsqu'il convient d'améliorer la qualité de service « interpersonnelle » ;
- PÉDAGOGIE :
  - quand une stratégie ou un projet nécessite d'acquérir de nouvelles connaissances,
  - lors d'un parcours d'intégration d'un nouveau collaborateur,
  - lorsqu'un transfert de compétences s'avère nécessaire,
  - lorsque l'on doit présenter une offre ou un processus de manière simple et compréhensible.

Utilisation proposée

La base de données qui pourrait prendre la forme de celle présentée dans l'outil n° 17 permet d'avoir un accès direct et rapide aux personnes qui disposent des appétences dont l'entreprise a besoin, sans pour autant que cela soit mentionné dans un organigramme.

Engagement	Eric - Alain - Philippe Jean-Philippe Françoise	Pensée critique	Anne C.	Esthétisme	Didier P. - Bénédicte
Structuration	Pierre C.- Anne C.	Originalité	Jacqueline - Philippe - Didier E. - Michel	Empathie	Denis - Bénédicte Jean-Philippe
Challenge		Résolution	Philippe - Anne C. - Françoise	Médiation	
Compétition	Jacqueline -Alain	Débrouillardise	Eric - Didier E.	Narration	
Adaptation	Bénédicte Françoise	Vision	Eric - Pierre C.	Fédération	Didier C. - Eric - Alain Philippe - Françoise
Persévérance	Didier C. - Didier P. Jacqueline - Alain Pierre J. - Pierre C.	Persuasion		Personnalisation	
Optimisme	Didier P. - Denis	Curiosité	Didier C. - Denis- Pierre - Michel - Jean-Philippe	Réseau	Alain - Philippe Pierre C.
Exploration	Didier C. - Pierre	Stratégie	Didier E. - Pierre C. - Anne C. - Jean-Philippe - Françoise	Leadership	Didier P. - Didier E.
Optimisation		Conceptualisation	Didier C.	Serviabilité	Jacqueline - Eric - Bénédicte - Jean Philippe
Intuition	Denis -Pierre - Didier E. - Michel	Originalité	Didier P. - Jacqueline - Michel	Pédagogie	Bénédicte - Michel Anne C.

Outil n° 17. Cartographie des appétences d'une équipe

Cette approche s'inscrit dans le courant de la mobilisation de l'intelligence collective mais aussi, comme cela sera évoqué plus bas, dans une logique de développement de l'agilité et de la flexibilité des modes d'organisation.

Commentaires et préconisations

La possibilité offerte à des salariés de mobiliser leurs appétences sur des sujets autres que les missions qui leurs sont confiées doit reposer sur le principe du volontariat pour être en cohérence avec l'esprit de convivialité et de solidarité qui anime cette démarche.

Une fois cette déclaration effectuée, elle peut être utilisée de différentes manières :

- soit de manière totalement ponctuelle, comme inviter un collègue, qui n'a pas forcément le statut et la maîtrise technique d'un sujet, à exprimer sa perception, ses idées, formuler des propositions en lien avec l'une de ses appétences déclarées qui est utile au groupe mais qu'aucun des membres n'a de plaisir à mobiliser (comme « originalité », « esthétisme » ou « pédagogie ») ;

- soit dans le cadre de la conduite d'un projet ou de la réalisation d'une action.

Bénéficier de conseils de tiers qui éprouvent du plaisir là où on n'en a pas

Il se peut qu'une personne peine à réaliser une activité parce qu'elle n'éprouve pas de plaisir à la faire dans sa forme actuelle. Mais il se peut aussi qu'une autre manière de procéder puisse l'amener à éprouver du plaisir.

Les nouvelles démarches collaboratives, comme le codéveloppement, permettent à des salariés de bénéficier de conseils de leurs collègues sur des situations difficiles, des problématiques dont ils ne parviennent pas seuls à trouver de solution.

À ce jour, cette méthode connaît un grand succès car elle permet aux collaborateurs de s'entraider sans recours hiérarchique, en toute bienveillance.

Cependant, le choix des participants aux ateliers de codéveloppement se fait essentiellement sur la base du volontariat. Le dispositif pourrait être optimisé par l'intégration du principe d'appétence dans le choix des collègues participant à ces ateliers.

Utilisation proposée

Les étapes de mise en œuvre

La valeur ajoutée de l'approche consiste à sélectionner des participants qui disposent des appétences requises par la situation. Le reste de la démarche de codéveloppement ne change pas.

- Étape 1 : inviter la personne à exposer la problématique.
- Étape 2 : sélectionner les appétences concernées par la gestion de la problématique.
- Étape 3 : sélectionner les participants qui disposent de ces appétences.

Illustration

Imaginons le cas d'une personne qui doit animer une conférence en format Ted. Elle pourrait sélectionner les appétences qui lui semblent les mieux adaptées à cet exercice, comme :

- la narration, le plaisir de captiver l'attention ;
- la pédagogie, le plaisir de transmettre son savoir ;
- l'optimisme, le plaisir de transmettre de la joie ;
- l'originalité, le plaisir d'être différent ;
- la structuration, le plaisir d'organiser et d'ordonner.

Évaluer le niveau d'adéquation entre les appétences requises et déclarées

Il peut arriver qu'un manager peine à mobiliser une équipe autour d'un projet, même s'il a donné du sens et mis à disposition tous les moyens nécessaires, en qualité et en quantité. Il est fréquent que l'origine des difficultés de mobilisation ne soit pas au niveau de la compétence mais de l'appétence.

Illustration

Récemment recruté, un responsable Formation exhorte son équipe à se montrer plus innovante, plus audacieuse, plus créative. Quelques mois plus tard, il constate qu'aucun membre de son équipe ne propose spontanément de nouvelles idées et il n'en comprend pas les raisons car, contrairement à son prédécesseur, il laisse carte blanche à son équipe pour imaginer de nouvelles offres de formations innovantes.

Il décide par conséquent de demander à chaque membre de l'équipe de déclarer ses appétences et prend conscience qu'aucun de ses collaborateurs n'a de plaisir à faire preuve de créativité.

Il comprend mieux à présent les raisons pour lesquelles il peine à obtenir des idées.

Disposer d'une cartographie qui permet de rapprocher les appétences déclarées par chaque collaborateur à celles liées aux projets d'entreprise permet de prendre conscience du niveau de plaisir ou de déplaisir présupposé des équipes à mener à bien le projet, et ce avant son lancement.

Ce constat permet d'ouvrir un débat avec son équipe sur le sujet, de les faire réagir et explorer collectivement des solutions alternatives.

Utilisation proposée

Les étapes de mise en œuvre

- Étape 1 : inviter les membres de l'équipe concernée par le projet à sélectionner leurs cinq appétences individuelles.
- Étape 2 : leur demander, en groupe, de sélectionner les quatre à six appétences requises par le projet.
- Étape 3 : en fonction des résultats, et notamment lorsqu'une ou plusieurs appétences ne sont pas déclarées par les membres de l'équipe, ouvrir un débat sur :
  - le bien fondé des appétences sélectionnées (sont-elles les bonnes ?) ;
  - les conséquences pour la conduite du projet si certaines appétences ne sont pas « couvertes » (peut-on faire sans ? Que risque-t-il de se passer ?).
- Étape 4 : explorer en groupe des actions alternatives ou de compensation (par exemple faire appel à un collaborateur d'une autre entité qui dispose d'une appétence non déclarée par l'équipe ou mandater une ressource externe selon les possibilités).

Dans l'exemple illustré de l'outil n° 18, l'équipe a retenu l'appétence d'optimisation et aucun membre de l'équipe ne l'a déclarée. Fort de ce constat partagé, l'équipe doit se demander si cette appétence est vraiment prioritaire et, si tel est le cas, ce qu'elle peut suggérer pour compenser l'absence d'appétence avant de s'engager dans l'action.

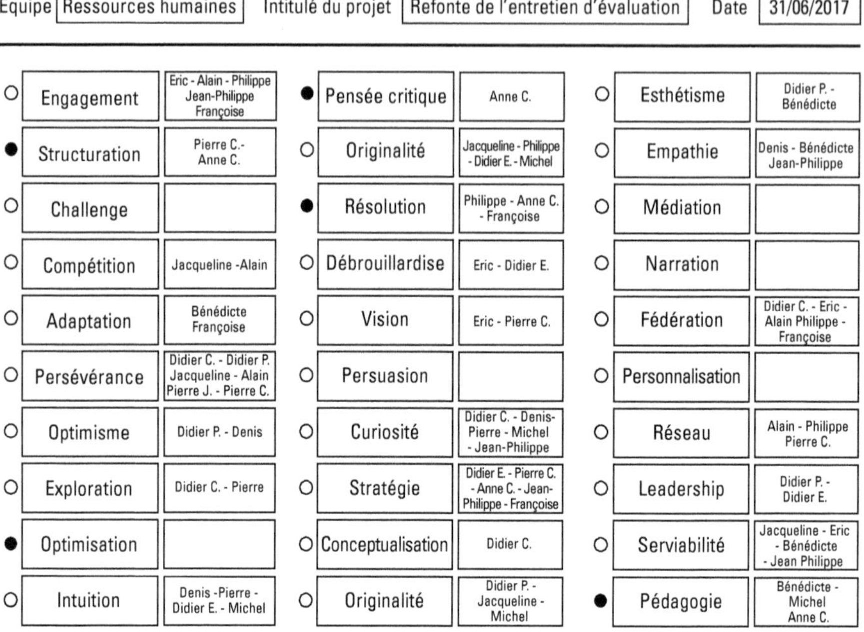

Équipe: Ressources humaines — Intitulé du projet: Refonte de l'entretien d'évaluation — Date: 31/06/2017

	Appétence	Noms		Appétence	Noms		Appétence	Noms
○	Engagement	Eric - Alain - Philippe Jean-Philippe Françoise	●	Pensée critique	Anne C.	○	Esthétisme	Didier P. - Bénédicte
●	Structuration	Pierre C.- Anne C.	○	Originalité	Jacqueline - Philippe - Didier E. - Michel	○	Empathie	Denis - Bénédicte Jean-Philippe
○	Challenge		●	Résolution	Philippe - Anne C. - Françoise	○	Médiation	
○	Compétition	Jacqueline -Alain	○	Débrouillardise	Eric - Didier E.	○	Narration	
○	Adaptation	Bénédicte Françoise	○	Vision	Eric - Pierre C.	○	Fédération	Didier C. - Eric - Alain Philippe - Françoise
○	Persévérance	Didier C. - Didier P. Jacqueline - Alain Pierre J. - Pierre C.	○	Persuasion		○	Personnalisation	
○	Optimisme	Didier P. - Denis	○	Curiosité	Didier C. - Denis- Pierre - Michel - Jean-Philippe	○	Réseau	Alain - Philippe Pierre C.
○	Exploration	Didier C. - Pierre	○	Stratégie	Didier E. - Pierre C. - Anne C. - Jean-Philippe - Françoise	○	Leadership	Didier P. - Didier E.
●	Optimisation		○	Conceptualisation	Didier C.	○	Serviabilité	Jacqueline - Eric - Bénédicte - Jean Philippe
○	Intuition	Denis -Pierre - Didier E. - Michel	○	Originalité	Didier P. - Jacqueline - Michel	●	Pédagogie	Bénédicte - Michel Anne C.

Outil n° 18. Cartographie du niveau d'adéquation entre appétences requises et déclarées

Commentaires et préconisations

Identifier les appétences requises par un projet ou une action confiée à un groupe et les rapprocher des appétences individuelles déclarées par les membres de l'équipe permet de prendre conscience, avant même de s'engager, du niveau de plaisir et d'engagement potentiel.

Contrairement à la gestion des compétences qui considère que tout le monde doit savoir tout faire, le management par les appétences accepte l'idée que tout le monde n'éprouve pas forcément du plaisir à réaliser toutes les activités et amène par conséquent un groupe d'individus à débattre autour de ce sujet avant de s'engager dans l'action.

Initier ce débat offre plusieurs avantages pour le pilote du projet ou de l'action :

- au lieu de s'épuiser à motiver des personnes qui n'éprouvent aucun plaisir à réaliser tout ou partie des activités, le manager met en évidence que le risque de désintérêt et de désengagement n'est pas dû au projet mais à l'absence de plaisir total ou partiel qu'éprouveraient les membres de l'équipe à réaliser tout ou partie des activités ;
- la philosophie sous-tendue par le management par les appétences responsabilise les membres de l'équipe sur l'acceptation d'un certain niveau de déplaisir ou sur la recherche de solutions dans le cas où l'équipe considère l'appétence non « couverte » comme incontournable, par exemple bénéficier de l'intervention d'un collègue qui ne serait pas dans l'équipe projet et qui interviendrait ponctuellement ou partiellement dans la réalisation des activités (voir système de « référents appétences »).

Cette évaluation est généralement déjà faite de manière intuitive par les responsables mais l'appréciation repose essentiellement sur ses épaules alors que la démarche présentée ici implique la responsabilité de tout le groupe, ce qui invite à la coresponsabilité.

Ils l'ont fait !

Groupe Schmidt

Le groupe Schmidt, leader franco-allemand de 7 500 salariés spécialisé dans l'univers de l'aménagement sur mesure de l'habitat avec les marques Schmidt et Cuisinella, présent dans 22 pays, a décidé de positionner le plaisir au centre de son « étoile de la performance », représentant les cinq piliers de la culture collaborative, à savoir la confiance, la bienveillance, la responsabilité, la coopération et l'agilité.

Conscient que le mode « top-down » en matière de construction et de déploiement de la stratégie atteignait ses limites, et pour être aligné avec l'étoile de la performance, le groupe a décidé d'organiser des « *Be Schmidt Day* ». Ces séminaires, qui regroupent des managers et des collaborateurs, ont pour but de renforcer la complémentarité et de susciter des initiatives qui permettent de mettre les appétences de chacun au service du projet d'entreprise.

Après avoir reporté les appétences individuelles sur une cartographie de manière à disposer d'une vision globale, les participants qui le souhaitent suggèrent des idées d'actions, en lien avec le projet d'entreprise et l'étoile

de la performance, qui sont soumises à un vote collectif. Par la suite, les participants choisissent les actions qu'ils ont envie de porter et de déployer au sein du groupe, en lien avec leur appétence.
C'est ainsi qu'une initiative intitulée « le management par le partage des connaissances et des compétences » a vu le jour au travers du déploiement du réseau social d'entreprise intitulé « Workplace ». Chacun peut aussi librement participer à des « ateliers 3L » qui sont animés par des collaborateurs qui disposent des appétences et de l'expertise sur des sujets prisés par le plus grand nombre.
Cette démarche permet de mieux anticiper le niveau d'engagement avant même de s'engager dans l'action. Elle a en outre permis de s'extraire de l'affectation traditionnelle des personnes sur des projets au regard de leurs fonctions pour renforcer l'envie de travailler de manière transversale. Cela concourt aussi à mobiliser l'intelligence collective et à développer du leadership à tous les niveaux, peu importe la fonction.
C'est ainsi qu'un groupe de volontaires, composé essentiellement de collaborateurs, a proposé un nouveau référentiel managérial du groupe Schmidt, en lien avec l'étoile de la performance, qui constitue le socle du parcours de formation au management.
Comme le souligne Patrice Casenave, directrice des ressources humaines du groupe, les bénéfices de la démarche ne s'arrêtent pas là. Au-delà de la convivialité vécue du fait du thème central de ces journées et de la libération des énergies, les participants se découvrent autrement. Non seulement ils prennent connaissance des forces de chacun, mais la liberté d'expression et l'authenticité des échanges renforcent aussi le sentiment de confiance et d'envie de collaborer, ce qui est un réel moteur pour entreprendre et faire progresser l'entreprise.

Responsabiliser les collaborateurs sur l'amélioration du plaisir qu'ils ont à travailler ensemble

Le mode de pensée hiérarchique attribue généralement au manager la responsabilité de la bonne ou la mauvaise entente entre les collaborateurs de son équipe. S'il se peut que l'origine du niveau de plaisir ou de déplaisir qu'éprouvent les membres d'une équipe à travailler ensemble puisse être due à une insuffisance managériale, il est également possible que l'origine puisse provenir des modes de collaboration adoptés par les membres de l'équipe entre eux.

Dans ce cas, le responsable hiérarchique n'étant pas à l'origine du faible niveau de plaisir ressenti par les membres de l'équipe, il peut utiliser le principe d'aimer faire dans le cadre d'un « team building » pour inviter les membres de l'équipe à s'exprimer sur le sujet puis les impliquer dans l'exploration et la sélection d'actions susceptibles d'augmenter le niveau de plaisir à collaborer.

Utilisation proposée

Les étapes de mise en œuvre

- Étape 1 : sélectionner la phrase d'introduction de la démarche qui peut être soit de dimension individuelle comme : « Listez ce qui vous procure du plaisir et/ou du déplaisir au travail », soit collective comme : « Listez ce qui vous procure du plaisir et/ou déplaisir dans nos modes de collaboration. »
- Étape 2 : inviter chaque personne à écrire sur trois post-it de couleur verte ce qui leur procure du plaisir (ou ce qu'ils aiment) et sur trois post-it rouges ce qui leur procure du déplaisir (ou ce qu'ils n'aiment pas).
- Étape 3 : inviter chaque personne à lire ses post-it à haute voix devant le groupe puis à les poser sur un tableau de papier, mur ou tout autre support.
- Étape 4 : utiliser la méthode du « méta plan » afin de regrouper au fur et à mesure les post-it par similitudes.
- Étape 5 : en fonction des sources de déplaisirs évoqués, inviter le groupe à sélectionner deux à trois sujets sur lesquels il aimerait travailler et trouver des solutions.

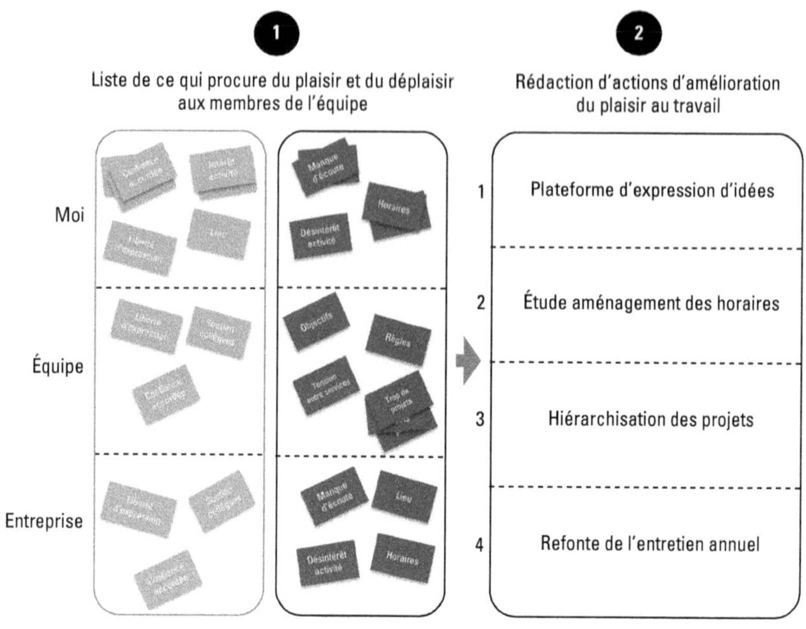

Outil n° 19. Document de restitution d'un groupe : « J'aime/Je n'aime pas »

Identifier les plaisirs/déplaisirs lors de réunions périodiques

Compte tenu de la prédominance actuelle des styles de management bureaucratique et leadership, les réunions sont majoritairement consacrées au suivi de l'activité, à la résolution technique des problèmes, au pilotage de la performance et à la recherche de nouvelles idées.

Il est plutôt rare que l'on évoque les plaisirs et les sources de déplaisir. C'est sans doute l'une des raisons pour lesquelles les déplaisirs sont évoqués autour de la machine à café, au restaurant d'entreprise ou dans les couloirs.

Et lorsqu'un manager souhaite aborder une problématique d'ordre relationnelle ou émotionnelle en réunion, parce qu'on lui en a fait état ou parce qu'il perçoit certaines tensions au sein de son équipe, rares sont les personnes qui osent en parler, exceptées celles qui ont le verbe haut mais qui s'expriment souvent d'une manière qui fait que l'on n'a pas envie de renchérir par crainte de générer un conflit.

Cela n'a rien d'étonnant car les quatre grands styles de management dominants au sein de nos entreprises n'ont pas été conçus pour encourager l'expression des émotions. Évoquer les déplaisirs, qu'ils soient d'ordre organisationnel ou relationnel, est même souvent mal perçu. C'est pourquoi certaines entreprises instaurent des rituels, en début ou en fin de réunion, permettant à chacun d'exprimer, à tour de rôle, son humeur, ses préoccupations, ses « irritants » et, plus récemment, ce qu'il aime ou n'aime pas.

Cette pratique, qui doit être « ritualisée », permet de responsabiliser chaque membre d'une équipe sur l'envie d'exprimer ou non ce qu'il ressent dans son quotidien de manière à pouvoir en prendre connaissance, à identifier si l'origine est d'ordre professionnelle et, si tel est le cas, à explorer des solutions.

Utilisation proposée

Les étapes de mise en œuvre

- Étape 1 : si possible, donner de la légitimité à l'instauration de cette nouvelle pratique en la reliant à une valeur d'entreprise ou d'équipe (s'il n'en existe pas, se demander si cela ne serait pas opportun d'en instaurer).
- Étape 2 : identifier ce que l'on souhaite faire exprimer (plaisir, préoccupation, irritant...) et la portée de l'expression (l'organisation, la collaboration, au sein de l'équipe, avec les autres entités ou expression libre sur toute sorte de sujet).
- Étape 3 : sélectionner l'étape d'expression (en début ou en fin de réunion).
- Étape 4 : définir la méthodologie (chacun son tour, par un mot-clé, une couleur, un sigle météorologique...) et la durée d'expression (une à trois minutes par personne).
- Étape 5 : clarifier une classification de prise en compte de l'expression (ne rien faire, la traiter durant la réunion, la traiter en dehors de la réunion).
- Étape 6 : convenir d'un moment de retour d'expérience du rituel de manière à identifier s'il convient au besoin pressenti ou s'il doit évoluer.

Ils l'ont fait !

Axa, SDIS 71, Whole Foods Market

Les réunions peuvent vite tourner à la « réunionite aigüe ». Il est fréquent d'observer des participants regarder leurs smartphones, sortir leur ordinateur, papoter, voire s'assoupir.

88 % des salariés ont déjà eu le sentiment de ne servir à rien en réunion[1], 73 % travailleraient sur autre chose[2], 35 % des cadres feraient même la sieste pendant les réunions[3].

Pour lutter contre ces phénomènes, certaines entreprises ont instauré des rituels, par exemple le SDIS de Saône-et-Loire qui débute ses réunions par un tour de table d'expression des préoccupations ou AXA par l'évocation libre d'irritants. Whole Foods Market termine ses réunions par une tournée « d'appréciations ».

Commentaires et préconisations

En entreprise, il est plus fréquent d'évoquer ce qui ne va pas que ce qui va bien. Cela semble assez logique puisque la plupart des méthodes de management sont centrées sur l'amélioration de la performance. Mais faire l'économie d'exprimer ce qui va bien pour se concentrer essentiellement sur ce qui ne va pas risque souvent d'avoir pour effet d'induire un climat négatif. C'est pourquoi instaurer des rituels d'expression libre de ce qui est déplaisant et plaisant permet de trouver un nouvel équilibre. Souligner ce qui est positif atténue les éventuelles tensions qui peuvent naître lorsque l'on évoque uniquement ce qui est négatif.

Les difficultés s'abordent majoritairement d'un point de vue rationnel et les sujets les plus fréquents sont de l'ordre du fonctionnement et de l'organisation. Solliciter les personnes par l'angle du plaisir au travail permet de libérer l'émotionnel, d'accéder aux ressentis individuels, ce qui amène souvent le groupe à évoquer des valeurs, un état d'esprit, des attitudes.

Évoquer « l'être ensemble » est tout aussi important que le « faire ensemble ». Renforcer le plaisir que l'on a à travailler ensemble permet d'aborder plus sereinement des non-dits, des sujets sensibles qui sont rarement évoqués lorsque l'on aborde uniquement des difficultés organisationnelles.

---

1. Sondage IFOP, 2015.
2. Sondage Atlassian, 2012.
3. Sondage IFOP, 2014.

Ils l'ont fait !

Spotify, Mazars

Dans le cadre de la conduite de projets

Spotify, société suédoise qui propose un service de streaming musical, est sans aucun doute un exemple d'entreprise agile.

Fondée en 2006, l'entreprise a été confrontée, comme beaucoup de start-up, à une difficulté majeure : comment préserver sa capacité d'innovation et son agilité malgré une forte augmentation de ses effectifs (l'entreprise est passée de 300 à 2 000 salariés de 2011 à 2016) et surtout, comment garder l'enthousiasme de ses collaborateurs et son esprit start-up ?

L'entreprise est organisée en tribus d'environ 100 personnes et chaque tribu est structurée en « *squads* », petites équipes autonomes de quatre à six personnes en charge du développement d'un projet.

Chaque « *squad* » se réunit régulièrement afin de faire un point sur dix critères (valeur délivrée, rapidité d'action…) dont le « fun ». Chaque collaborateur déclare son ressenti sur la base d'une méthode intitulée « le feu tricolore » (vert : « Je ressens beaucoup de fun à travailler avec mes collègues » jusqu'à rouge : « Je m'ennuie »).

Ces déclarations font immédiatement place à des actions d'amélioration qui peuvent être traitées soit collectivement, soit individuellement.

Dans le cadre de séminaires dédiés à l'innovation managériale

Chaque année, Mazars organise pour ses managers une journée de séminaire pendant laquelle elle les invite à « hacker la structure ».

Après avoir sensibilisé les participants sur la notion de « hacking », l'entreprise demande aux managers d'exprimer ce qui les énerve dans les modes de management et de sélectionner un sujet.

La deuxième étape consiste à admettre l'idée que cette source d'agacement n'est pas nouvelle, que le manager en a conscience, qu'il sait ce qu'il faudrait faire et pourtant qu'il n'a rien fait.

C'est pourquoi la troisième étape ne repose pas sur une recherche de solution traditionnelle (ce serait déjà fait) mais sur une projection mentale qui consiste à demander au participant : « Ton problème est réglé, tu vas me raconter comment tu t'y es pris. » À la suite de quoi le manager définit son plan d'action.

Cette démarche de « projection mentale de réussite », qui consiste à partir d'une source de déplaisir pour immédiatement se projeter dans un état de plaisir suscité par la résolution du problème, permet d'éviter de consacrer un temps inutile à l'explication du déplaisir, de ne pas être freiné par des croyances « limitantes » dans la recherche de solutions (justifications du pourquoi ça ne peut pas changer), et d'aller directement à la définition d'un plan d'action concret fondé sur le ressenti de plaisir provoqué par la réussite du changement.

Repenser la répartition des rôles

- Outil n° 20. Matrice de connexion rôles/appétences/personnes (page 154).
- Outil n° 21. Document de formalisation des affectations des personnes par rôles (page 155).
- Outil n° 22. Cartographie des appétences utiles lors des différentes étapes d'un projet (page 161).

Finalité : repenser la répartition des rôles et assouplir l'organisation en intégrant la dimension de plaisir au travail individuel.

Dans de nombreux secteurs d'activité, l'organisation scientifique du travail semble bien arriver à bout de souffle. De plus en plus d'entreprises, pour devenir plus souples, plus proactives et plus innovantes, s'intéressent à de nouvelles formes d'organisation, bien souvent en rupture profonde et radicale avec les modèles traditionnels.

Les organigrammes structurés en silos laissent la place à des équipes auto-organisées de plus petites tailles, composées de professionnels des différents métiers qui ont pour mission de coconstruire la création ou l'évolution d'une offre. Les processus décisionnels sont réduits et simplifiés de manière à permettre une plus forte réactivité, le degré d'autonomie et d'initiative est renforcé au plus près du terrain pour devenir plus innovant et performant.

Ces nouveaux modes de fonctionnement, qu'ils soient fondés sur des modèles tels que l'entreprise libérée, l'holacratie, la sociocratie ou des concepts comme les méthodes agiles ou encore l'intelligence collective, nécessitent de repenser la répartition des rôles et des responsabilités.

Si ces nouvelles formes d'organisation mettent en avant les deux principaux piliers indispensables à ces transformations que sont la confiance et la coresponsabilité, il est rarement fait état de la manière dont ces nouveaux rôles sont confiés, notamment ceux qui se substituent aux fonctions hiérarchiques traditionnelles.

Attribuer les rôles selon les appétences

De nouvelles formes d'auto-organisation prônées par l'holacratie et l'entreprise libérée, mais aussi de nouvelles méthodes de travail telles que l'agile working sont en plein essor et laissent supposer que la possibilité offerte aux salariés, soit de changer rapidement de missions, soit d'en exercer plusieurs simultanément, constitue des réponses mieux adaptées au besoin d'agilité des entreprises.

Le management par les appétences permet aux entreprises qui s'engagent dans des projets de réorganisation plus flexibles d'explorer de nouvelles opportunités d'attribution des rôles et des missions par la création de liens entre les appétences liées aux missions et celles déclarées par les salariés.

Cette « grille de lecture » est d'autant plus intéressante lorsque de nouveaux rôles apparaissent et qu'ils ne nécessitent pas forcément de compétences techniques élevées ou d'expérience professionnelle, comme celui de « facilitateur[1] » dans le modèle de l'holacratie ou de « *scrum master*[2] » dans la méthode agile.

La plupart des ouvrages sur ces modèles d'organisation émergents évoquent la raison d'être, les missions et les compétences de ces nouveaux rôles mais mentionnent rarement l'état d'esprit et les valeurs qui doivent animer les personnes (humilité, soutien, authenticité…) et encore moins les appétences, qui pourraient être, pour le rôle de facilitateur par exemple :

- fédération, plaisir à créer de la cohésion ;
- médiation, plaisir à pacifier les relations ;

1. Le facilitateur a pour rôle de « faciliter les réunions du cercle qui sont requises par la constitution », *La révolution Holacracy*, Brian J. Robertson, Éditions Alisio, 2016.
2. Le *scrum master* a pour rôle « d'aider l'équipe à travailler de façon autonome et à s'améliorer constamment », *Scrum – Le guide pratique de la méthode agile la plus populaire*, Claude Aubry, Dunod, 2015.

- optimisme, plaisir à transmettre de la joie ;
- optimisation, plaisir à améliorer l'existant ;
- résolution, plaisir à résoudre un problème.

Par ailleurs, dans le cadre d'organisations qui offrent la possibilité à des personnes de jouer plusieurs rôles au sein de l'entreprise, l'approche par les appétences permet d'identifier la diversité des rôles qui pourraient être confiés à une seule et même personne. Le rapprochement entre « rôles » et appétences facilite la réaffectation des missions.

Utilisation proposée

Les étapes de mise en œuvre

- Étape 1 : définir les rôles.
- Étape 2 : sélectionner les appétences pour chaque rôle.
- Étape 3 : mentionner les personnes qui ont déclaré ces appétences.

Cercle : Formation

Inventaire des collaborateurs disposant des appétences par domaine

Rôle **ingénierie pédagogique**

Appétences	Collaborateurs
Pédagogie Transmettre son savoir	Géraldine Sophie
Exploration Trouver les informations	Emmanuel Ingrid
Conceptualisation Concevoir de nouvelles idées	Isabelle
Pensée critique Mettre à l'épreuve	Emmanuel Sébastien

Rôle **organisation logistique**

Appétences	Collaborateurs
Structuration Organiser et ordonner	Emmanuel Gérard
Optimisation Améliorer l'existant	Emmanuel Isabelle
Débrouillardise Faire preuve d'astuce	Gérard Isabelle Laurent
Réseau Créer et maintenir les relations	Géraldine Sébastien

Rôle **animation formation**

Appétences	Collaborateurs
Pédagogie Transmettre son savoir	Géraldine Sophie
Narration Captiver l'attention	Laurent Sébastien
Développement Développer les potentiels	Sophie Gérard
Empathie Se mettre à la place de l'autre	Ingrid Sophie

Outil n° 20. Matrice de connexion rôles/appétences/personnes

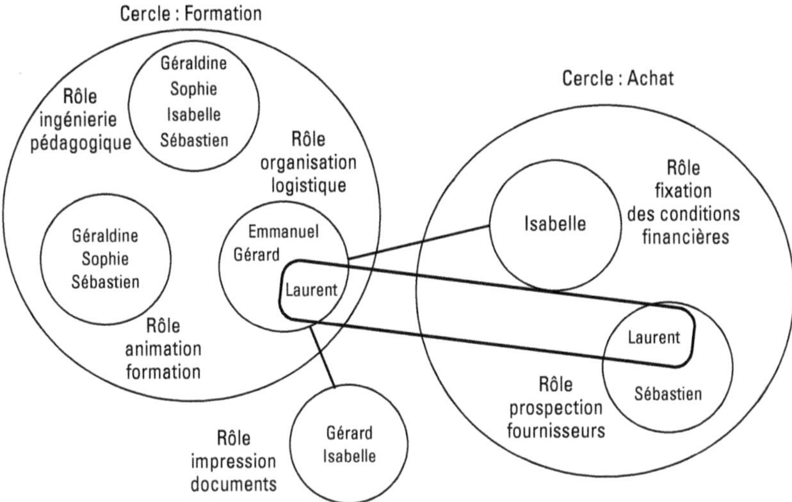

Outil n° 21. Document de formalisation des affectations des personnes par rôle

Les deux outils ci-dessus permettent aux personnes d'identifier les rôles qui pourraient leur convenir dans le cadre d'organisations qui offrent l'opportunité aux salariés d'exercer plusieurs missions différentes.

Commentaires et préconisations

Cette nouvelle manière d'affecter les rôles et responsabilités est en rupture totale avec l'approche traditionnelle un homme/un poste à temps plein puisqu'elle offre la possibilité pour une seule et même personne d'exercer, en quelque sorte, des métiers différents mais qui mobilisent ses appétences.

Si cette approche peut tout à fait se concrétiser dans les petites et moyennes entreprises, il est certain qu'elle peut trouver rapidement ses limites au sein de grandes entreprises dont l'affectation des personnes dépend d'un système de classification des emplois extrêmement normé et cadré.

Ils l'ont fait !

Décathlon, Valve corporation

Dans le cadre d'une stratégie de diversification des rôles

À Namur, en Belgique, dans le cadre de sa stratégie « *Do what I love* », Décathlon a repensé la répartition des rôles et des responsabilités dans une logique de contribution plus que de fonction.

Partant du principe qu'on fait bien ce que l'on aime faire et qu'on peut aimer faire des choses différentes, cette enseigne a défini quatre rôles :

- le rôle de « ressource », qui représente la contribution qu'apporte la personne au projet de l'entreprise et ce, dès son premier jour de travail ;
- le rôle de « référent », reconnu par la communauté, dont la finalité est de faire bénéficier de son expertise sur un domaine sportif (équitation, natation...), sur un processus (recrutement, achat...) ou encore sur une appétence, un talent (créativité, esthétisme...) ;
- le rôle de « leader », qui consiste à impulser une dynamique, définir des objectifs de développement aussi bien personnels que professionnels ;
- le rôle de « coach », dont le but est d'accompagner un collègue dans son développement personnel et/ou professionnel, par des entretiens et des feed-back réguliers.

Les collaborateurs ont la possibilité d'exercer plusieurs rôles en fonction de leurs envies. Une personne peut être à la fois « ressource », « référent » et « coach ». À elle d'aménager son temps en conséquence pour être en mesure de mener à bien ses différentes missions.

Ce nouveau mode de fonctionnement permet aux salariés qui le souhaitent de s'émanciper des limites d'action qu'impose la description de poste et de s'ouvrir à de nouvelles missions en fonction de ce qu'ils aiment faire ou entreprendre, à condition que cela contribue au sens commun de l'entreprise.

Dans le cadre d'un mode de fonctionnement agile

Valve Corporation, société américaine de création de jeux vidéo d'environ 400 salariés, a adopté un mode d'organisation a-hiérarchique fondé sur la liberté offerte aux collaborateurs de choisir leurs projets et l'équipe avec laquelle ils souhaitent travailler.

Formalisé dans le chapitre 4 du *Manuel pour les nouveaux employés*[1], chacun est libre de choisir sa propre aventure en fonction de ce qui lui fait plaisir, ce qu'il souhaite apporter à ses collègues, aux projets, à l'entreprise, ce qu'il souhaite aussi apprendre de ses collègues.
Chaque collaborateur dispose d'un bureau mobile de manière à pouvoir rapidement se déplacer physiquement pour se regrouper avec des collègues, s'isoler ou se regrouper avec d'autres collègues sur un autre projet.
Les sujets sont proposés spontanément entre collègues sur un tableau central visible de tous et ceux qui ont envie d'y contribuer forment un nouveau groupe de travail. Chacun est responsable du temps qu'il souhaite consacrer à chacune de ses activités.
Ce mode de fonctionnement, extrêmement agile, permet à chacun d'apporter sa contribution et d'apprendre des autres au regard du plaisir qu'il éprouve à donner et à recevoir et de la création de valeurs qu'il estime apporter, sans que cela soit guidé par une hiérarchie.

Compenser le désengagement provoqué par des activités inintéressantes

Ce serait se voiler la face que de considérer que tous les métiers sont plaisants à exercer. Aussi, comment faire pour développer le plaisir au travail d'une personne dont le contenu des activités qui lui sont confiées sont inintéressantes, voire insipides ?

Tout d'abord, il convient de faire la différence entre différentes notions :

- la pénibilité du travail (travail de nuit, répétitif, en décalé, le port de charges lourdes...) ;
- l'ingratitude (métiers non reconnus, dévalorisés, jugés honteux ou non vertueux...) ;
- le désintérêt (dont le contenu présente peu d'intérêt) ;
- le déplaisir (qui ne procure aucun plaisir).

Par ailleurs, il faut bien se garder de juger le niveau de plaisir procuré par un métier et considérer que chacun peut éprouver des plaisirs différents pour une même activité.

1. Pour accéder au contenu du manuel des nouveaux employés de Valve : www.valvesoftware.com/company/Valve_Handbook_LowRes.pdf

Il existe des métiers indispensables, qui ne peuvent être mécanisés ou robotisés et dont le contenu ne procure aucun plaisir. Ces métiers, les entreprises en ont besoin mais il est tout à fait compréhensible que ceux qui les exercent soient plus ou moins rapidement désengagés. Dans ce cas, est-il possible de les rendre plus épanouissants ? Si ce n'est pas le cas, quelle serait la solution ?

Parce qu'il n'est pas toujours possible de modifier le contenu de certains métiers pour les rendre plus épanouissants, la principale solution pour permettre aux personnes qui les occupent de renouer avec la notion de plaisir est de leur permettre d'exercer, à temps partagé, d'autres activités, qu'elles soient structurelles ou occasionnelles (dans le cadre de projets par exemple).

Illustration

L'émission réalisée par M6 intitulée « Patron incognito » a soulevé le problème de restauration Memphis.

Confronté à un taux de turn-over élevé des plongeurs, le patron a souhaité comprendre les raisons pour laquelle l'un de ses collaborateurs n'avait pas encore démissionné de ce métier que la plupart d'entre nous n'aimerait très certainement pas exercer.

Cette émission a mis en avant que dans ce restaurant, le plongeur se voyait confier d'autres activités comme préparer des desserts, aider à la mise en place, ce qui avait pour effet de compenser l'absence de plaisir provoqué par ce métier répétitif, pénible et peu intéressant.

Ainsi, pour compenser l'absence de plaisir à exercer certaines activités, il semble opportun de :

- justifier la nécessité et le sens de l'activité « déplaisante ». Par exemple, si laver la vaisselle est une activité peu plaisante en soi, la qualité du lavage a une répercussion directe sur l'image et la notoriété d'un restaurant. La propreté des plats et des couverts est l'un des principaux critères de qualité de l'offre de restauration, d'où son importance ;
- reconnaître que l'activité n'est pas plaisante. En reconnaissant l'aspect rebutant ou inintéressant d'une ou plusieurs activités, non seulement vous faites preuve d'empathie, mais aussi d'honnêteté et d'authenticité ;

- laisser de l'autonomie dans les modalités de réalisation de l'activité pour offrir un minimum de liberté, si cela est possible ;
- compenser le déplaisir par la proposition d'autres activités « disponibles » qui valoriseraient les appétences de la personne.

Utilisation proposée

Les étapes de mise en œuvre

- Étape 1 : identifier les activités qui peuvent être confiées de manière occasionnelle ou temporaire aux collaborateurs.
- Étape 2 : définir les modalités d'attribution des activités.
- Étape 3 : faire appel au volontariat.
- Étape 4 : expérimenter puis procéder à un retour d'expérience.

Commentaires et préconisations

Il y a fort à parier que notre système de reconnaissance de la souffrance au travail intègre dans les risques de souffrance psychologique le brown-out (état dépressif dû à la lassitude et à la perte de sens) et le bore-out (état dépressif dû à l'ennui).

Ce nouveau mode d'affectation peut être légitimé par :

- la mise en place d'une organisation plus agile et plus souple ;
- la réduction de fonctions supports dont les missions peuvent être mises à disposition de collaborateurs qui souhaiteraient renforcer leur employabilité ;
- la réduction des risques de bore-out et de brown-out pour les salariés qui seraient affectés à un emploi dont le contenu ne procure pas ou peu de plaisir.

Compte tenu de la rupture que représente ce nouveau mode d'affectation, il est conseillé de procéder dans un premier temps sur un mode « test and learn », d'initier la démarche sur la base du volontariat et de procéder à un retour d'expérience avant de s'engager dans une généralisation de la démarche.

Dans certaines entreprises, une négociation peut s'avérer nécessaire dans le cas où cette nouvelle approche serait en inadéquation avec certaines conventions collectives ou accords d'entreprises.

Mobiliser les appétences dans le cadre de la conduite de projets

Compte tenu de l'accélération des changements de notre société, de l'émergence de nouvelles tendances, de l'évolution des technologies et des comportements des consommateurs, les entreprises se sont transformées ces dernières années pour mener à bien de nouveaux projets.

Ces projets sont généralement confiés à des équipes dédiées qui y sont affectées durant toute leur durée, souvent du début à la fin.

Si la conduite de projets est une compétence en soi, qui nécessite d'acquérir des méthodologies et des techniques spécifiques, les appétences sont différentes selon les étapes d'un projet.

Certaines entreprises, dont la taille ne permet pas de constituer des équipes dédiées, peuvent utiliser les appétences comme critère d'affectation temporaire et/ou partielle de collaborateurs sur un projet, sans pour autant qu'ils maîtrisent la technicité requise qui serait confiée à un petit nombre de personnes, présentes en revanche du début à la fin pour en garantir la maîtrise technique et la cohérence d'ensemble.

Utilisation proposée

Les étapes de mise en œuvre

- Étape 1 : décomposer le projet en différentes étapes.
- Étape 2 : sélectionner les appétences au regard de chacune des étapes.
- Étape 3 : identifier les appétences spécifiques à chaque étape et celles qui sont communes à plusieurs étapes.
- Étape 4 : identifier les personnes qui ont déclaré ces appétences.
- Étape 5 : évaluer la possibilité de mobilisation de ces personnes en fonction du temps requis et définir leur champ d'action.
- Étape 6 : mettre à disposition les personnes au regard de leurs appétences.

L'illustration ci-après met en avant la diversité des appétences à mobiliser en fonction des différentes étapes d'un projet.

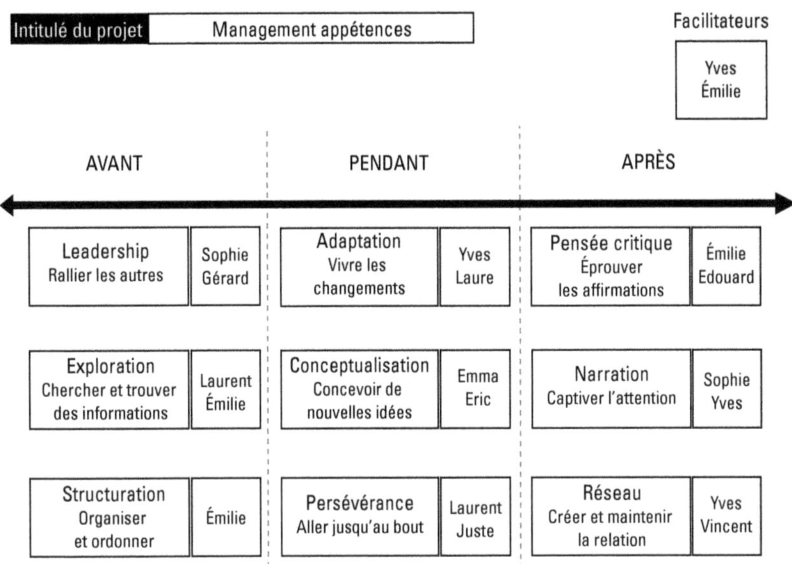

Outil n° 22. Cartographie des appétences utiles lors des différentes étapes d'un projet

Commentaires et préconisations

Cette nouvelle approche nécessite d'être présentée de manière à ce qu'elle soit compréhensible par tous. En général, elle s'appuie sur des valeurs d'entreprise telles que l'agilité et la réactivité.

La tentation risque d'être grande de la part de ceux qui contribuent de demander une compensation. Ce n'est aujourd'hui pas dans l'esprit de la démarche.

Cette approche a plusieurs finalités :

- pour l'entreprise, d'introduire de la souplesse dans la conduite d'un projet, d'éviter d'avoir recours à des prestataires extérieurs si elle dispose de collaborateurs capables de renforcer l'équipe projets qui de fait est réduite ;
- pour les salariés, de pouvoir découvrir de nouvelles choses, de compenser l'absence de plaisir éprouvé par leur activité principale et de renforcer leur employabilité.

Ils l'ont fait !

WL Gore

Chez WL Gore & Associates, société américaine d'environ 10 000 salariés, il n'existe ni organigramme hiérarchique ni descriptions de postes, ni même de statuts.

Les salariés, désignés sous le terme « associés » n'occupent pas d'emplois dont le contenu est fixé par l'entreprise mais s'engagent sur des rôles qui sont davantage des contributions qu'une liste de tâches à exécuter.

Les nouvelles recrues sont invitées à choisir les rôles susceptibles de valoriser au mieux leurs compétences ainsi que leurs appétences, selon les besoins de l'entreprise et les nouvelles valeurs qu'ils peuvent apporter.

Une fois recrutés, les nouveaux associés sont affectés à plusieurs équipes. Ces « stages » ont pour objectif de permettre aux nouveaux venus d'identifier les projets sur lesquels ils estiment avoir le plus de valeur ajoutée.

Ce mode de fonctionnement est le fruit de l'opinion de Bill Gore, fondateur de cette entreprise, qui estimait qu'il valait mieux susciter l'engagement d'un salarié au regard de ses envies que de lui imposer un contenu de poste décidé par l'entreprise.

Les associés peuvent choisir un ou plusieurs rôles et bénéficient de plus d'une demi-journée pendant laquelle ils peuvent travailler sur une idée de leur choix, sans en référer à la hiérarchie, tout simplement parce qu'il n'y en a pas.

C'est dans ce cadre que Dave Myers a créé, avec l'aide d'autres associés volontaires passionnés de musique, de nouvelles cordes de guitare (Elixir) établies sur la technologie PFTE, qui tient la note trois fois plus longtemps que les cordes habituelles et qui représente aujourd'hui les deux tiers du marché américain.

Ce mode de fonctionnement et d'organisation est fondé sur le principe de coresponsabilité. Il est vivement recommandé aux associés de bien choisir leur(s) engagement(s)/rôle(s) car le non-respect entraînera inéluctablement une remise en question de la part des autres associés.

Se servir des appétences pour identifier ses axes de développement

Outil n° 23. Plan d'actions de « tempérance » de ses appétences (page 164).

Finalité : prendre conscience des éventuels effets préjudiciables de l'excès de valorisation de ses appétences pour soi et son environnement, de manière à trouver le « bon équilibre ».

Les sages du stoïcisme tels que Marc-Aurèle, Sénèque ou Cicéron considéraient que les plaisirs devaient être consommés avec modération, à satiété, mais pas au-delà pour éviter un trouble des comportements et du raisonnement. Emmanuel Kant allait même jusqu'à déclarer que l'abus de plaisirs aboutit au malheur (l'abus d'alcool qui se fait au détriment de la santé par exemple).

Selon Sigmund Freud, laisser s'exprimer ses pulsions, ses désirs, son « ça », sans aucune réserve, est dangereux aussi bien pour la personne que pour son entourage. Selon lui, le principe de plaisir domine les processus psychiques dans la petite enfance et n'est qu'atténué par le principe de réalité. Certaines personnes rêvent de rejoindre une entreprise où tout leur serait permis, où elles pourraient assouvir leurs moindres désirs. Est-ce vraiment réaliste ? Qu'est-ce que cela donnerait ?

Laisser chacun satisfaire ses désirs sans aucune réserve amène invariablement au désordre. C'est sans doute une des raisons pour laquelle la Déclaration des droits de l'homme de 1789 précise dans son article 4 que « la liberté consiste à pouvoir faire tout ce qui ne nuit pas à autrui : ainsi, l'exercice des droits naturels de chaque homme n'a de bornes que celles qui assurent aux autres membres de la société la jouissance de ces mêmes droits ».

Si faire en sorte que chacun puisse valoriser ses appétences est bénéfique, il faut néanmoins être vigilant sur les conséquences préjudiciables de l'excès de valorisation des appétences sur soi, les autres et l'environnement.

Lorsque les chercheurs Olds et Miller ont découvert dans les années 1950 le circuit de la récompense, ils ont à de nombreuses reprises pu constater les conséquences préjudiciables que pouvait avoir la quête de plaisir. L'expérience qui leur a permis de découvrir, par hasard, le circuit de la récompense, a consisté à implanter des électrodes dans l'aire septale du cerveau de rats. En appuyant sur un levier, les rats pouvaient stimuler par eux-mêmes cette région du cerveau à l'origine de la sensation de plaisir.

Après avoir découvert comment éprouver cette sensation de plaisir, les rats s'auto-stimulaient sans arrêt, ne prenant même plus le temps de manger. Certaines mères sont même allées jusqu'à abandonner leur nichée pour se gaver de sensation de plaisir.

Il semble donc que l'excès d'attention au plaisir puisse avoir des conséquences fâcheuses dont il faut prendre conscience. Ramené à l'entreprise, il est fréquent que des dirigeants, qui disposent des pleins pouvoirs de décision et d'action, se concentrent sur leurs zones de plaisirs sans se soucier des contraintes que cela pourrait avoir sur l'organisation et la relation.

Cette prise de conscience m'a amené à penser qu'être trop centré sur ses appétences pouvait poser problème. Après en avoir discuté avec de nombreux managers, ce qui n'était qu'un présupposé s'est avéré fondé. Aussi est-il intéressant de se demander en quoi l'excès de mobilisation des appétences pourrait être une source de risque mais aussi un levier d'identification de ses axes de développement professionnel.

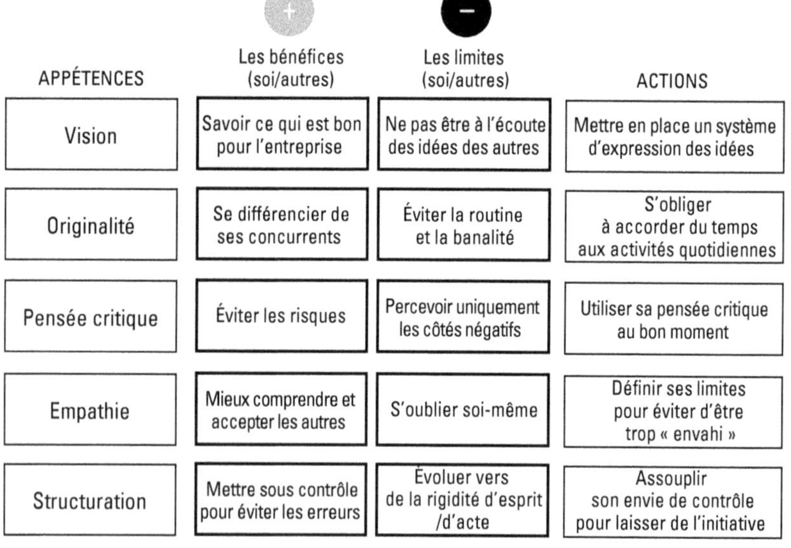

APPÉTENCES	+ Les bénéfices (soi/autres)	– Les limites (soi/autres)	ACTIONS
Vision	Savoir ce qui est bon pour l'entreprise	Ne pas être à l'écoute des idées des autres	Mettre en place un système d'expression des idées
Originalité	Se différencier de ses concurrents	Éviter la routine et la banalité	S'obliger à accorder du temps aux activités quotidiennes
Pensée critique	Éviter les risques	Percevoir uniquement les côtés négatifs	Utiliser sa pensée critique au bon moment
Empathie	Mieux comprendre et accepter les autres	S'oublier soi-même	Définir ses limites pour éviter d'être trop « envahi »
Structuration	Mettre sous contrôle pour éviter les erreurs	Évoluer vers de la rigidité d'esprit /d'acte	Assouplir son envie de contrôle pour laisser de l'initiative

Outil n° 23. Plan d'actions de « tempérance » de ses appétences

Voici une liste des risques de survalorisation des appétences et des propositions d'actions de développement associés :

- ENGAGEMENT : PASSER À L'ACTE
    - Risque : confondre vitesse et précipitation. Aller trop vite sans prendre de recul au préalable.
    - Axe de développement : en fonction des enjeux, s'obliger à prendre le temps d'analyser la situation avant de s'engager dans l'action.
- STRUCTURATION : ORGANISER ET ORDONNER
    - Risque : être trop rigide et « fermé » dans son approche.
    - Axe de développement : assouplir son raisonnement et s'autoriser des solutions alternatives avant et pendant l'action.
- CHALLENGE : RELEVER DES DÉFIS
    - Risque : se désintéresser de tout ce qui n'est pas audacieux.
    - Axe de développement : s'obliger à consacrer du temps à des activités routinières et veiller à adopter un comportement respectueux envers ceux qui n'apprécient pas les défis.
- COMPÉTITION : ÊTRE LE MEILLEUR
    - Risque : écraser les autres et altérer la collaboration, se montrer vaniteux.
    - Axe de développement : prendre en considération l'effet de son action sur les autres et éviter de se mettre trop en avant, notamment lors des moments de réussite.
- ADAPTATION : VIVRE LES CHANGEMENTS
    - Risque : s'engager en permanence sur de nouveaux projets, changer d'idées régulièrement, ce qui peut générer de l'inquiétude et du doute.
    - Axe de développement : restreindre le volume de projets de changement à ce qui est acceptable et supportable pour le groupe et éviter de revenir sur ses décisions trop souvent.
- PERSÉVÉRANCE : ALLER JUSQU'AU BOUT
    - Risque : être trop obstiné, s'entêter, s'acharner à mauvais escient.
    - Axe de développement : solliciter l'avis de tiers sur la légitimité de continuer son action, être attentif aux effets que produit la persistance de son action sur soi, sur les autres et/ou sur son environnement.

- OPTIMISME : TRANSMETTRE DE LA JOIE
  - Risque : ne pas prendre en considération ou sous-estimer les souffrances, doutes, peurs, contraintes. Agacer les autres par son surplus d'énergie et d'enthousiasme.
  - Axe de développement : observer les réactions des autres, intégrer les contraintes et les limites dans son discours, respecter les personnes qui ne montrent pas autant d'entrain que soi et tempérer son discours et ses actes.
- EXPLORATION : CHERCHER ET TROUVER LES INFORMATIONS
  - Risque : s'éparpiller et perdre du temps dans la recherche d'informations.
  - Axe de développement : se concentrer sur l'information à trouver de manière à optimiser son temps d'exploration.
- OPTIMISATION : AMÉLIORER L'EXISTANT
  - Risque : perturber l'équilibre nécessaire par une modification constante de l'existant.
  - Axe de développement : accepter que tout ne soit pas aussi performant que cela pourrait l'être lorsque que l'amélioration est susceptible de déstabiliser l'écosystème.
- INTUITION : PRESSENTIR CE QUI VA ARRIVER
  - Risque : ne se fier qu'à sa perception sans prendre en considération d'autres éléments de la situation.
  - Axe de développement : solliciter son entourage sur son intuition, la mettre à l'épreuve en privilégiant des raisonnements rationnels.
- PENSÉE CRITIQUE : ÉPROUVER LES AFFIRMATIONS
  - Risque : être trop dans le reproche, perçu comme étant négatif et pessimiste.
  - Axe de développement : faire preuve de diplomatie dans sa communication, évoquer les avantages et les inconvénients d'une situation et mettre en avant aussi bien le positif que le négatif.
- CRÉATIVITÉ : IMAGINER DE NOUVELLES IDÉES
  - Risque : critiquer l'existant, se désintéresser de la normalité, ne pas prendre en considération les contraintes.
  - Axe de développement : se concentrer sur des idées créatrices de nouvelles valeurs tout en prenant en considération dès le début de la réflexion le contexte et les contraintes.

- RÉSOLUTION : RÉSOUDRE DES PROBLÈMES
  - Risque : vouloir trouver des solutions à des problématiques sans intérêt.
  - Axe de développement : s'engager dans la recherche de solutions pour les problèmes qui méritent d'être résolus.

- DÉBROUILLARDISE : FAIRE PREUVE D'ASTUCE
  - Risque : traiter la conséquence s'en aborder la cause, se satisfaire de réparations alors que cela nécessiterait une refondation.
  - Axe de développement : différencier les situations où composer avec les moyens du bord suffit de celles qui nécessitent des moyens plus importants.

- VISION : CONSTRUIRE LE FUTUR
  - Risque : être tellement convaincu de sa perception que l'on n'est pas ouvert à d'autres hypothèses.
  - Axe de développement : être à l'écoute des autres et solliciter leurs points de vue.

- CURIOSITÉ : DÉCOUVRIR DE NOUVELLES CHOSES
  - Risque : consacrer plus de temps à la découverte qu'au traitement des activités quotidiennes.
  - Axe de développement : convenir d'un temps dédié à l'exploration de nouvelles choses qui soit compatible avec les activités courantes et veiller à ne pas « s'éparpiller ».

- STRATÉGIE : TROUVER LA MEILLEURE DIRECTION
  - Risque : exclure d'autres hypothèses stratégiques.
  - Axe de développement : s'enrichir de la diversité des points de vue et propositions des autres.

- CONCEPTUALISATION : CONCEVOIR DES IDÉES NOUVELLES
  - Risque : proposer des concepts trop théoriques, complexes ou éloignés de la réalité.
  - Axe de développement : tester et mettre à l'épreuve ses nouvelles idées de manière à bénéficier d'un retour d'expérience.

- ORIGINALITÉ : ÊTRE DIFFÉRENT
  - Risque : banaliser et critiquer la « normalité ».
  - Axe de développement : légitimer la valeur ajoutée et les bénéfices de la différence.

- ESTHÉTISME : METTRE EN VALEUR
  - Risque : être trop dans le paraître au détriment de l'être, être en décalage avec la réalité du fait de l'envie de séduire.
  - Axe de développement : cadrer en amont le besoin de mise en valeur de manière à proposer des solutions adaptées aux moyens disponibles et être en adéquation avec le besoin.
- EMPATHIE : SE METTRE À LA PLACE DE L'AUTRE
  - Risque : se perdre soi-même, s'oublier.
  - Axe de développement : faire la part des choses entre soi et les autres et poser ses limites pour se préserver.
- MÉDIATION : PACIFIER LES RELATIONS
  - Risque : prendre des décisions de type compromis qui satisfont partiellement les parties.
  - Axe de développement : apprendre à imposer des décisions lorsque personne ne parvient à s'entendre.
- NARRATION : CAPTIVER L'ATTENTION
  - Risque : mettre trop d'effet dans la présentation, surjouer, être trop attentif à son intervention et ne pas prêter attention aux réactions.
  - Axe de développement : s'adapter au public et être attentif aux réactions.
- FÉDÉRATION : CRÉER DE LA COHÉSION
  - Risque : renoncer à certaines actions en cas de résistance d'une équipe ou privilégier le groupe au détriment d'une ou plusieurs personnes.
  - Axe de développement : se montrer ferme dans certaines situations et veiller à ne pas être inéquitable ou injuste lorsque le groupe ne se montre pas constructif et positif.
- PERSONNALISATION : VALORISER LES DIFFÉRENCES
  - Risque : autoriser l'expression de chacun sans se référer à une ligne de conduite partagée, se disperser à force de vouloir trop s'adapter à la variété des particularités individuelles.
  - Axe de développement : différencier lorsqu'il faut s'adapter aux autres, au regard de leurs spécificités, et lorsque ce sont aux autres de s'adapter.
- RÉSEAU : CRÉER ET MAINTENIR LES RELATIONS
  - Risque : privilégier la relation au détriment de la raison/l'organisation.

- Axe de développement : s'émanciper de toute dépendance affective qui pourrait altérer l'organisation et faire ses choix en fonction de la priorité à accorder à la relation ou à l'organisation.

LEADERSHIP : RALLIER LES AUTRES
- Risque : faire preuve d'autoritarisme, imposer ses choix sans considérer ceux des autres.
- Axe de développement : solliciter l'avis des autres, leurs ressentis et les prendre en considération.

SERVIABILITÉ : FAIRE PLAISIR AUX AUTRES
- Risque : infantiliser, rendre dépendant.
- Axe de développement : acquérir des techniques de responsabilisation de manière à aider les autres à trouver leurs solutions par eux-mêmes.

PÉDAGOGIE : TRANSMETTRE SON SAVOIR
- Risque : considérer que l'on sait mieux que les autres.
- Axe de développement : demander un feed-back sur sa manière de transmettre ses connaissances afin d'identifier le niveau d'adéquation des méthodes d'apprentissage et d'acquérir de nouvelles méthode.

Utilisation proposée

Les étapes de mise en œuvre

- Étape 1 : évaluer sur une échelle de 1 à 10 le niveau de mobilisation de chacune de ses appétences.
- Étape 2 : lorsque le score est supérieur à 8, indiquez le bénéfice pour soi et pour l'entreprise, ainsi que les risques d'excès d'attention à l'appétence.
- Étape 3 : évaluer si ce risque est déjà actuel, notamment en se basant sur les propos de son entourage.
- Étape 4 : si tel est le cas, identifier des actions qui permettraient de tempérer son attention à l'appétence.

Commentaires et préconisations

Cet exercice n'est pas évident pour tout le monde car certaines personnes n'en comprennent pas l'intérêt.

Si l'entreprise a tout intérêt à valoriser les appétences des collaborateurs, cette mobilisation ne doit jamais se faire au détriment de l'environnement.

Chapitre 5

POURQUOI ÇA NE MARCHERA PAS ? LA FOIRE AUX QUESTIONS

« La difficulté n'est pas de comprendre les idées nouvelles mais d'échapper aux idées anciennes. » Cette citation de J.-M. Keynes nous éclaire sur la difficulté, non pas de compréhension, mais d'appropriation des nouvelles formes de collaboration.

Qui serait opposé à la mise en œuvre d'un projet qui vise à mieux concilier épanouissement personnel et performance professionnelle ? À priori, personne. Et pourtant, tout comme les concepts d'entreprise libérée, d'holacratie ou d'agile working, pour ne citer qu'eux, il arrive que le développement du management du plaisir au travail rencontre quelques résistances et suscite des réticences dans sa mise en œuvre.

Compte tenu de la rupture qu'engendre la mise en place des outils proposés dans le chapitre précédent, aussi bien d'un point de vue culturel qu'organisationnel, il serait fallacieux de prétendre que tous les acteurs de l'entreprise adhéreront sans aucune réserve à cette nouvelle forme de collaboration. C'est pourquoi il semble opportun d'identifier les difficultés présupposées d'appropriation. Pour ce faire, vous pouvez soit vous nourrir de retours d'expériences d'entreprises, soit – parce que votre entreprise est unique et spécifique – vous soumettre à un exercice d'identification des types de résistance que vous risquez de rencontrer, intitulé « *pre-mortem* ».

Imaginé par Gary Klein[1], cet exercice a pour but d'identifier les actions nécessaires à l'appropriation d'un projet par l'ensemble des acteurs concernés. Le « plan d'appropriation » est élaboré sur la base de la question suivante :

Pre-mortem

« Imaginez que nous soyons dans un an. Nous avons mis en œuvre l'action telle que nous venons de la définir. Le résultat est un véritable échec. Expliquez-en les raisons. »

1. Gary A. Klein est un psychologue américain spécialisé dans les prises de décision.

Ce chapitre a pour but de vous présenter les principales actions qui facilitent l'appropriation de la démarche de développement du plaisir au travail. Elles vous sont présentées sous la forme d'une « foire aux questions » structurée autour des difficultés rencontrées le plus fréquemment par les entreprises qui se sont engagées dans cette démarche.

Les collaborateurs peinent à s'approprier les outils

Intéressés et convaincus par le concept, certains dirigeants décident de s'engager dans une démarche de développement du plaisir au travail et constatent une forte résistance de la part de quelques collaborateurs.

Pour quelles raisons certains collaborateurs n'adhèrent pas à la démarche de développement de leur plaisir au travail ? Plusieurs explications peuvent être à l'origine du scepticisme et du manque d'engagement dans la démarche. Cela peut être dû au fait qu'ils n'y croient pas, qu'ils ne sont pas à l'aise avec la notion de plaisir, ou parce qu'ils constatent une incohérence entre le discours et les actes.

Voici donc quelques principes à adopter pour en faciliter l'appropriation.

Ancrer l'importance qu'accorde l'entreprise au plaisir au travail au niveau identitaire pour faire évoluer la culture et légitimer les nouvelles pratiques

En général, les difficultés d'appropriation de la démarche du management du plaisir au travail sont plutôt d'ordre culturel (état d'esprit) qu'organisationnel (méthode).

Comme ne cesse de le répéter Isaac Getz[1], l'entreprise libérée n'est pas une nouvelle méthode d'organisation ni un nouveau concept mais avant tout un nouvel état d'esprit, une nouvelle manière d'appréhender la collaboration. Il en est de même avec le management du plaisir au travail.

L'une des principales raisons pour lesquelles certaines entreprises ne parviennent pas à adopter de nouvelles pratiques managériales s'explique

1. Isaac Getz est professeur à l'ESCP Europe et auteur de *Liberté & Cie*, Fayard, 2012.

par le fait qu'elles ne sont pas « autorisées et soutenues » par la culture d'entreprise.

C'est pourquoi, avant même de s'engager dans la mise en œuvre de nouvelles pratiques, il est opportun d'analyser si les conditions d'appropriation sont réunies. À ce titre, vous pouvez utiliser le modèle d'analyse inspiré des travaux de Robert Dilts[1], présenté ci-dessous.

1	**Mission**	La raison d'être de l'entreprise
2	**Vision**	Cap à long terme, ambition
3	**Stratégie**	Combinaison d'actions pour concrétiser la vision
4	**Identité**	Valeurs de l'entreprise, état d'esprit
5	**Organisation**	Répartition des rôles
6	**Pratiques**	Modes de fonctionnement
7	**Compétences**	Capacités et aptitudes
8	**Comportements**	Attitudes

Figure 7. Les huit leviers d'action d'une transformation d'entreprise

Ce modèle présente les huit niveaux sur lesquels une entreprise peut agir pour sa transformation.

La différence majeure entre les entreprises qui échouent dans leurs transformations et celles qui réussissent provient souvent du fait que ces dernières sont parvenues à aligner leurs différents niveaux. Se dispenser de cet alignement risque de générer une sorte de « schizophrénie managériale », des contradictions entre les dires et les actes, et peut aboutir à un renoncement.

1. Robert Dilts est formateur en programmation neuro-linguistique et a formalisé un modèle intitulé « Les six niveaux logiques » de manière à permettre de distinguer des informations qui sont à des niveaux différents.

Cela reviendrait, en quelque sorte, à vouloir intégrer une carte SIM (nouvelle pratique managériale comme la déclaration de ce que l'on aime et n'aime pas faire) dans un téléphone à cadran (culture hiérarchique directive) : c'est tout simplement impossible.

Comme cela a été évoqué préalablement, la mise en œuvre de certains outils de développement du plaisir au travail, comme exprimer ce que l'on aime et n'aime pas faire ou proposer des actions qui n'entrent pas dans le périmètre de responsabilités défini dans la description de poste, suppose que les collaborateurs se sentent autorisés à le faire.

Cette autorisation étant d'ordre culturel, elle doit être mentionnée au niveau de l'identité de l'entreprise. Ancrer l'importance qu'accorde l'entreprise au développement du plaisir au travail au niveau de ses valeurs, comme l'ont fait les entreprises citées ci-dessous à titre d'exemple, légitime la mise en œuvre des nouvelles pratiques.

Illustration

Trois exemples de formulation du plaisir au travail au niveau identitaire

Le ministère de la Sécurité sociale belge a rédigé l'un de ses cinq Dondoo's : « Ne travaille pas, fais toi plaisir ».

RTE de Lille a formulé sept principes collaboratifs, dont : « Être auteur de son épanouissement ».

Partitio a retenu quatre mots-clés pour illustrer ses valeurs, dont : « Plaisir ».

Évoquer le terme de plaisir en entreprise est encore assez tabou. Certains en rigolent (en référence à la sexualité) et d'autres estiment que le plaisir n'a pas sa place en entreprise (en référence à leurs croyances ou à leur histoire personnelle).

L'entreprise a par conséquent deux solutions qui s'offrent à elle :

- soit elle assume le terme « plaisir », comme l'a fait le groupe Schmidt en mentionnant le mot au centre de son étoile de la performance ;
- soit elle considère que l'utilisation de ce mot ne serait pas bien perçue ou acceptée compte tenu de la culture d'entreprise et décide d'en utiliser un autre, comme « aimer-faire », « appétence », « épanouissement personnel ».

Cependant, l'ancrage de la notion de plaisir au niveau identitaire n'est parfois pas suffisant. En fonction des outils que vous souhaitez adopter, il vous faudra identifier les niveaux affectés et évaluer s'ils permettent l'appropriation des nouvelles pratiques.

Par exemple, si vous souhaitez utiliser la « carte des contributions individuelles » (outil n° 16) et permettre aux collaborateurs qui le souhaitent de proposer des actions qui puissent valoriser leurs appétences et être bénéfiques pour l'entreprise, il importe qu'ils puissent disposer d'une vision (niveau 2) et d'une stratégie (niveau 3) claire et compréhensible.

Autre exemple, la déclaration de ce que les personnes aiment et n'aiment pas faire peut être facilitée par une valeur qui les y encourage, comme c'est le cas au ministère de la Sécurité sociale belge.

Une fois le plaisir au travail ancré au niveau identitaire, il devient alors plus aisé de mobiliser les collaborateurs sur de nouvelles pratiques managériales et collaboratives.

L'ancrage de la notion de plaisir au niveau de la culture d'entreprise permet en outre à l'entreprise de « protéger » les collaborateurs qui seraient confrontés à certaines résistances de la part de personnes avec lesquelles ils travaillent (responsable hiérarchique, collègue...).

Évaluer la perception qu'ont les salariés de la notion de plaisir au travail

Avant de s'engager tout de go dans le déploiement des nouvelles pratiques, il peut être opportun d'évaluer en amont le rapport qu'ont les collaborateurs vis-à-vis de la notion de plaisir au travail.

Afin d'identifier le niveau de perception et d'appropriation de la notion de plaisir par les collaborateurs, certaines entreprises leur soumettent préalablement un questionnaire qui peut comprendre une ou plusieurs questions qui peuvent porter sur :

- l'adhésion au concept de plaisir ;
- l'envie de développer le plaisir ;
- la croyance en la possibilité d'éprouver plus du plaisir ;
- le niveau de facilité d'appropriation.

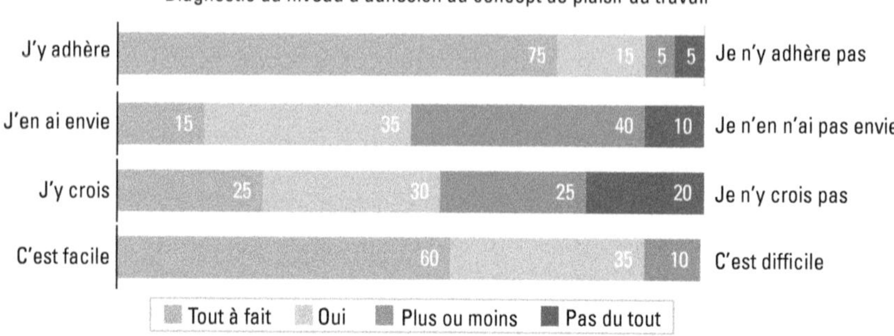

Outil n° 24. Restitution des déclarations du rapport au plaisir au travail

Le fait de poser une ou plusieurs de ces questions, après avoir pris la précaution de bien définir ce qu'est le plaisir au travail, permet d'initier des échanges, d'identifier les différentes perceptions, de manière à apprécier le niveau d'adhésion et à identifier des actions qui favoriseraient l'appropriation des nouvelles pratiques managériales et collaboratives.

Enseignement n° 1

Ancrer l'importance du plaisir au travail au niveau identitaire (valeurs, postures, état d'esprit), après en avoir donné le sens, puis faire réagir les collaborateurs sur leur niveau d'adhésion avant toute modification des pratiques collaboratives.

Les managers n'adhèrent pas à la démarche

Plusieurs raisons peuvent expliquer les difficultés que rencontrent certains responsables hiérarchiques à s'approprier cette nouvelle manière d'aborder la collaboration. En voici quelques-unes :

Incompréhension du changement de posture managériale sous-tendue par la démarche

Habitués depuis des années à exercer leurs responsabilités hiérarchiques selon le principe de subordination unilatérale et inconditionnelle, certains managers éprouvent des difficultés à « lâcher prise » et s'émanciper partiellement du sacro-saint principe du « *command & control* ».

Cette difficulté n'est pas toujours volontaire ou consciente et résulte souvent d'un manque de compréhension du changement de posture managériale. Le management par les appétences nécessite d'adopter la posture de « servant leader » proposée par Robert K. Greenleaf, de manière à évoluer d'un rapport parent/enfant à un rapport adulte/adulte.

Le management du plaisir au travail, dans la mesure où il s'agit d'une démarche de coresponsabilité, suppose d'adopter un nouvel état d'esprit, de nouvelles postures, comme cela a été évoqué, telles que l'humilité, l'authenticité et l'audace.

Présenter l'évolution du management, comme cela a été fait au chapitre 2, permet aux managers de mieux comprendre la nécessité de faire évoluer leurs postures et leurs pratiques pour parvenir à trouver le juste équilibre entre épanouissement personnel et performance professionnelle.

Peur de « l'anarchie »

Oser déclarer que l'on n'aime pas réaliser certaines activités, prendre l'initiative de proposer des actions de valorisation de ses appétences en dehors de sa description de poste, émettre le souhait d'évoluer vers un métier sans que l'on n'ait d'expérience, s'immiscer dans des projets qui ne nous concernent pas, quoi de plus normal et légitime que ces nouvelles pratiques puissent inquiéter certains managers.

Ce qui est nouveau fait souvent peur et cette émotion est accentuée lorsque la nouvelle pratique est en totale rupture avec les habitudes et les usages. C'est pourquoi, au-delà de se prêter à l'exercice *pre-mortem* de manière à identifier les difficultés d'appropriation, il est conseillé de déployer certains outils en mode expérimental.

Se lancer dans l'appropriation de nouveaux outils en les présentant comme des expérimentations offre plus de sérénité dans la mise en œuvre car il n'y a pas d'obligation de résultat, donc pas de jugements ou de critiques.

La mise en place en mode « *test & learn* » permet de prendre le temps de mieux comprendre ce qui favorise et freine l'appropriation, de tirer les enseignements des difficultés rencontrées de manière à adapter si nécessaire le contenu ou le processus.

Enseignement n° 2

La rupture culturelle qu'induit le management du plaisir au travail nécessite de redéfinir les postures managériales (humilité, ouverture, authenticité, coresponsabilisation…) et d'ancrer les nouveaux outils et méthodes collaboratives en mode expérimental.

Les partenaires sociaux se montrent réfractaires

Comment réagissent les organisations syndicales lorsque les dirigeants présentent un projet de développement du plaisir au travail ? Il serait naturel de penser que tous les représentants du personnel voient d'un bon œil cette initiative qui vise à mieux concilier les besoins des salariés et de l'entreprise. Mais est-ce toujours le cas ?

Jusqu'à présent, nos organisations syndicales ont toujours été partie prenante dans l'instauration de dispositifs qui ont permis d'améliorer les conditions de travail, de prévenir les risques psychosociaux et, plus récemment, de développer la qualité de vie au travail, notamment à travers les obligations réglementaires de consultation et de négociation.

Mais le développement du plaisir au travail n'est pour le moment pas encadré par une disposition réglementaire. Il s'agit avant tout d'une volonté partagée entre salariés et employeurs de faire évoluer certaines postures et pratiques pour parvenir à trouver le juste équilibre entre épanouissement personnel et performance professionnelle.

Traditionnellement, salariés, employeurs et représentants du personnel jouent trois rôles décrits par Stephen Karpman dans son « triangle dramatique[1] ». Consciemment ou non, les organisations syndicales ont généralement pour habitude d'endosser le rôle de « sauveteur » pour protéger des salariés « victimes » de patrons « persécuteurs ».

Mais que se passe-t-il lorsqu'il n'y a plus personne à protéger, lorsqu'employeurs et salariés instaurent un nouveau rapport fondé sur la confiance, la bienveillance, l'authenticité et la coresponsabilité ? Théoriquement, le rôle de sauveteur n'a plus de raison d'être.

L'un des bénéfices de la démarche de développement du plaisir au travail est de sortir des jeux psychologiques et d'instaurer un rapport adulte/adulte. C'est pourquoi, face à cette évolution de la collaboration, les représentants du personnel seront amenés à se positionner. Soit ils tiennent à leur rôle de sauveteur et manifesteront une certaine opposition à ce projet, soit ils le soutiennent parce qu'ils approuvent ce nouveau mode de collaboration et considèrent qu'ils ont un rôle à jouer pour aider salariés et employeurs à relever ce défi.

Enseignement n° 3
Le développement du plaisir au travail est une démarche coresponsable qui implique tous les acteurs : employeurs, salariés et organisations syndicales.

Peut-on changer d'appétences dans sa vie ?

Il paraît concevable qu'une personne puisse éprouver une diversité de plaisirs professionnels durant sa carrière. Par conséquent, il est tout à fait possible que certaines personnes changent d'appétences.

Ce qui nous amène à nous questionner sur les origines des appétences. Pour quelles raisons éprouve-t-on du plaisir là où les autres n'en éprouvent pas ?

1. Stephen Karpman a proposé en 1958, dans son article « *Fairy Tales and Script Drama Analysis* », de schématiser un des jeux de manipulation classique par le biais du triangle dramatique qui comprend trois rôles : ceux de victime, de persécuteur et de sauveteur.

Si certaines appétences résultent du mécanisme fondateur de la personnalité, comme celle de « réseau » pour les personnes qui cherchent à être aimées ou celle d'« optimisme » pour celles qui souhaitent éviter la souffrance, de nombreuses appétences sont nées d'expériences de vie vécues.

Les appétences peuvent évoluer pour deux principales raisons :

- soit une personne se lasse d'une appétence à force de la mobiliser ;
- soit elle découvre une nouvelle activité qui déclenche une nouvelle appétence.

C'est pourquoi l'idée d'initier des dispositifs qui permettent aux personnes de découvrir de nouveaux métiers en les expérimentant peut engendrer de nouvelles appétences.

Permettre à des personnes d'explorer sur une durée limitée de nouvelles activités complète les dispositifs tels que les bilans de compétences qui se basent essentiellement sur les compétences et les expériences acquises.

Enseignement n° 4

Les appétences d'une personne peuvent évoluer au regard du sentiment de complétude ou de la découverte de nouveaux métiers ou expériences professionnelles.

Comment faire en cas de désaccord sur le choix des appétences ?

Il arrive que managers et collaborateurs aient un avis différent sur les appétences de ces derniers. Cela ne devrait pas être le cas.

Si un manager peut exprimer un avis objectif sur le niveau de compétences d'un collaborateur, il n'a pas à intervenir sur la déclaration des appétences, excepté néanmoins s'il est en mesure de contester le dernier critère de l'appétence, à savoir le « succès ». C'est l'une des raisons qui est à l'origine de la création du document « Argumentation appétences » présenté dans l'outil n° 9.

Les appétences ne sont pas soumises à évaluation mais à déclaration. Seule la personne concernée est en capacité de témoigner du ressenti que provoque une appétence.

Enseignement n° 5
Contrairement à la compétence qui s'évalue, l'appétence se déclare. En cas de doute, il convient de demander à la personne d'illustrer et de commenter sa sélection.

Comment faire lorsqu'il n'existe pas de solution pour compenser le manque de plaisir ?

C'est l'une des principales difficultés évoquées par le management. Que faire lorsque l'entreprise n'est pas en capacité de trouver des solutions au déplaisir provoqué par les activités qui sont confiées à un collaborateur ?

Alors que la gestion des compétences s'inscrit dans la philosophie « *command & control* », le management par les appétences a été conçu dans l'état d'esprit « *test & learn* ».

Le management du plaisir au travail, contrairement à la gestion des compétences, n'est pas un outil de prescription mais d'exploration. Il s'agit avant tout d'ouvrir de nouvelles perspectives, d'expérimenter de nouvelles choses, sans pour autant qu'il y ait une obligation de résultat.

C'est pour cette raison qu'il est important de ne pas normaliser les outils et encore moins de les bureaucratiser, mais de les considérer comme des aides à la réflexion, des guides à la discussion.

Aussi est-il important d'évoquer ce point fondamental avant même la présentation des outils.

Enseignement n° 6

Le management du plaisir au travail est une nouvelle relation fondée sur un rapport donnant-donnant.

Si l'entreprise peut offrir plus de souplesse pour développer le plaisir au travail, il faut également accepter qu'elle ne puisse pas toujours y parvenir. Dans ce cas, c'est au salarié de faire un choix.

CONCLUSION

Ce livre a été écrit avec une ambition : celle d'inspirer les entreprises et les salariés qui le souhaitent à trouver des solutions qui leur permettront de mieux concilier performance et plaisir au travail.

Si les entreprises se sont dans l'ensemble bien approprié les dispositifs de lutte contre la souffrance, notamment par l'amélioration des conditions de travail, il reste encore beaucoup à faire en ce qui concerne le développement de l'épanouissement personnel dans le cadre professionnel. Et ce ne sont ni les baby-foot, ni les conciergeries, ni les « kifs » qui contribueront à ce que les salariés prennent du plaisir à réaliser leurs activités au quotidien.

Parce que notre monde est plus ouvert, que les nouvelles générations aspirent à plus de bien-être et de liberté, les modèles traditionnels fondés sur la subordination inconditionnelle et unilatérale encore très prégnants dans les entreprises sont devenus inadaptés.

Il faut donc en inventer de nouveaux qui soient mieux alignés avec les concepts managériaux émergents dont les fondements sont la confiance, la responsabilisation, l'autonomie, la libération des idées et des émotions, la valorisation de l'intelligence collective.

C'est dans cet esprit qu'a été imaginé le concept de management du plaisir au travail et qu'ont été conçus les différents outils que vous venez de parcourir. Après le savoir, le savoir-faire et le savoir-être, voici venu le temps de l'aimer-faire.

Le management du développement du plaisir au travail repose sur des principes fondamentaux qu'il est important de préciser comme postulat de départ :

- Vouloir éprouver du plaisir au travail est avant tout un choix personnel ;
- S'engager dans un projet de développement du plaisir au travail suppose deux prérequis :
    - que managers et collaborateurs se fassent confiance et se sentent autorisés à s'exprimer librement,
    - que managers et collaborateurs fassent preuve de réalisme et de responsabilité ;
- Cette démarche ne doit pas être normalisée. C'est pour cette raison qu'il est important de la mettre en œuvre de manière expérimentale et de procéder régulièrement à des retours d'expériences ;
- Les outils qui sont proposés peuvent être sujets à modification et à évolution en fonction des particularités de l'entreprise, de son contexte, de sa culture, des personnalités qui la composent et de ses enjeux.

Les dispositifs, les outils et les exemples de pratiques adoptées par certaines entreprises présentés dans cet ouvrage ne sortent pas du cerveau d'un consultant mais sont le plus souvent le fruit de nombreux échanges, d'expérimentations, de retours d'expériences menés par les entreprises animées par l'envie de trouver des solutions aux nouvelles attentes des salariés.

J'émets le souhait qu'ils rencontrent leur public, qu'ils puissent aider à réinstaurer la confiance et à redéfinir la relation professionnelle de manière à ce qu'entreprises et salariés puissent coconstruire les conditions qui permettront de mieux concilier épanouissement personnel au travail et performance professionnelle.

INDEX DES FIGURES ET OUTILS

Index des figures

Index des outils

www.ingramcontent.com/pod-product-compliance
Ingram Content Group UK Ltd.
Pitfield, Milton Keynes, MK11 3LW, UK
UKHW021043220726
13924UKWH00006B/2242